한국어와 일본어의
젠더표현
연구

한국어와 일본어의
젠더표현 연구

이혜영 지음

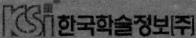
한국학술정보㈜

머리말

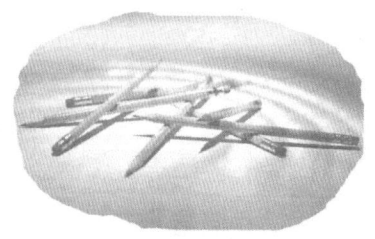

한국에서는 젠더라는 용어의 개념이 익숙하지 않다. 그것은 일본도 비슷한 현상이기는 하지만, 한국에서보다는 인지도나 이해도, 사용도가 높다는 것을 알 수 있다. (2002년 일본 문화청 조사)

젠더표현은 일본어의 경우, 종래의 연구에서는 '女ことば, 女性語(여성어)' 등의 표현으로 사용하였으나, 최근에는 젠더표현이라는 용어를 점차 사용하고 있다. 한국어에서는 '성별어, 여성어'라는 용어를 사용하고 있으며 젠더표현이라는 용어는 활발히 사용되지 않고 있는 실정이다.

본서는 2006년 박사학위 논문으로 쓴 연구서이다.

필자가 젠더표현을 연구하게 된 동기는 일본어 연구자로서 일본어에 여성어와 남성어가 존재한다는 것에 흥미를 갖게 된 것이 계기가 되었다. 한편, 일본어의 젠더 연구를 진행하면서 한국어에서도 여성어의 특징이 부분적으로 나타난다는 것을 파악하게 되었다.

인칭어, 담화의 문말표현, 여성관사와 남성관사 등의 젠더표현의 연구논문을 발표하며, 하나의 대조연구를 완성하게 되었다.

두 언어를 대조하여 그 동질성과 이질성을 분석, 명시하는 것은 양 언어를 외국어로 습득하고자 하는 학습자들에게 효율적인 학습 능률을 제시하는 자료로 활용될 수 있을 것이다. 특히 이 연구서를 통하여 異文化커뮤니케이션에 대한 이해, 정확한 한국어와 일본어의 구사, 한국어와 일본어의 젠더교육의 지도·지침, 한국어의 젠더표현 연구의 촉매제 역할을 하는 데 작은 도움이 되기를 바라며, 젠더표현의 연구자들에게도 유용한 자료가 되기를 바란다.

박사논문이 완성되기까지 따뜻한 배려와 지도를 아끼지 않으신 상명대학교의 교수님들께 감사드리고, 특히 필자의 연구를 언제나 정성스런 마음으로 지켜봐 주시고 지도해 주신 김숙자 교수님께 감사드리며, 이 책의 출판을 맡아 주신 한국학술정보(주)에 감사드린다.

이혜영

한국어와 일본어의 젠더표현 연구

제1장

서 론

# 1.1. 연구목적

언어는 의식 존재인 나와 타인이 서로를 체험하는 통로이다. 우리는 자라는 과정에서 신념, 습관, 관행들을 습득하면서 자신을 남성으로 혹은 여성으로 자각한다. 이때 결정적으로 작용하는 것은 언어이다. 우리는 언어를 습득하면서 한 언어에 내재해 있는 세계를 익힌다.

우리가 여자를 여성으로 남자를 남성으로 인식하는 것은 한 언어체계 내에 존재하는 차이와 관계에 근거한 것이며 그 차이는 한 사회의 뿌리 깊은 세계관을 반영하고 있다는 사실이다.

여성과 남성의 원형은 그리스 로마 신화에서도 엿볼 수 있다. 암컷과 수컷을 나타내는 기호 우와 ♂는 그리스 로마 신화에 등장하는 두 신 아프로디테와 아레스의 신격을 형상화한 것이다. 두 신의 이름과 거기서 비롯한 이 기호는 또 천문학에서 각각 금성과 화성을 가리키는 이름과 기호로 사용되기도 한다. 여성적 원형과 남성적 원형을 상징하는 이 기호는 각각 미와 사랑의 여신 아프로디테가 들고 있는 거울과 아레스의 창과 방패를 본뜬 것이다. 이는 여성과 남성에 대한 전통적인 시각을 고스란히 반영하고 있다.

여성 지위의 향상이 해를 거듭하며 높아지면서 이와 같은 전통적인 시각은 조금씩 변화하고 있다. 이는 여성운동가들이 가부장적 자본주의에 의한 억압과 성차별을 극복하고 당당한 사회적 주체인 여성의 삶을 실현하는 데 노력을 아끼지 않은 결과일 것이다.

2005년 6월에는 제9차 세계여성학대회[1]가 한국에서 개최된 의미 있는 해이기도 하다. 관심을 끄는 주제는 성별과 생명과학, 매매춘, 에코페미니즘[2], 군(軍)에서의 여성, 여성 리더십 개발 등으로, 사회·문화·예술·경제·환경·정치 생명과학 등이었으며, 여러 분야에 걸쳐 사상 최대인 2100여 편의 논문이 발표되었다고 한다. 그러나 한국의 남녀평등 성취도가 세계 58개국 중 54위인 것을 감안하면 보다 활발한 활동이 전개되지 않으면 안 될 것이라고 생각된다.

그러나 제9차 세계여성학대회에서 '언어와 젠더'에 관한 언급은 없었고 남녀의 문제를 여성학적 차원에서 접근하는 데에 그쳤으며 어학적 측면에서의 고찰이 미흡한 단계이다.

한자 문화권에 속하는 한국어, 일본어 그리고 중국에서 여자를 나타내는 한자어는 '여(女)'로 공통적으로 나타나며, 이는 아이를 안고 있는 여자의 모습을 상형화한 문자로 여겨진다.

---

1) 이 대회는 2005년 6월 19일부터 24일까지 이화여자대학교에서 개최되었다. 대회의 주제는 "경계를 넘어서: 동-서/남-북(Embracing the Earth: East-West/North-South)"이었으며, 동-서양의 가치 대립 및 남-북으로 갈라진 전 지구적 경제 불균형이 여성들의 삶에 미치는 영향과 이로 인해 페미니즘이 직면하는 도전들에 대한 테마를 중심으로 연구 논문의 발표 및 토론이 이루어졌다.

2) 1970년대 후반에 등장한 생태여성론으로, 자연생태계와 인간을 하나로 보고, 생명의 가치, 평등한 삶의 가치를 실현하려는 사상이다. 또한 지금까지 남성중심·서구중심·이성중심의 가치와 삶의 방식이 세상을 지배하면서 황폐화시켰다고 주장하면서 이를 뒤바꾸려는 실천지침이기도 하다.

영어에서 여자 혹은 여성을 의미하는 'woman'이란 낱말 역시 그런 뜻이라는 점이다. 'woman'은 셰익스피어가 만들어낸 낱말이라고 한다. 『햄릿』에서 햄릿이 어머니에게 "약한 자여, 그대 이름은 여자 이니라!"라고 할 때 처음 쓰인 낱말이라고 한다. 이때 셰익스피어는 여자라는 단어를 만들기 위해 'womb(자궁)＋man(사람)→woman'을 생각했던 것이다. 결국 'woman'은 자궁을 가진 사람이 된다.

이렇게 볼 때 동서양을 막론하고 여자의 역할에 대해 동일한 표현을 하고 있음을 알 수 있다. 즉 아이를 낳아 품에 안고 기르는 역할인 셈이다. 이와 같이 성의 역할이 다르듯 언어 사용 면에 있어서도 성 차이를 느낄 수 있다.

특히, 독일어나 프랑스어 등에는 언어의 변이형으로 각 단어에는 남성, 여성 및 중성 등으로 성이 구분되는 가하면 남성어와 여성어의 구별이 별로 없다고 하는 영어에서도 놀라움이나 분노를 표시할 때의 표현 정도를 보면 남녀의 차이가 뚜렷함을 알 수 있다.

예스페르슨(Jespersen: 1924)은 그의 「언어진보론」을 전개하는 중에 대명사의 남성형과 여성형에 대해 언급하며, 남성과 여성의 구별이 있는 것이 더욱 발달된 언어라는 견해에 대해 비판하고 있다.

본고에서는 언어의 진보성에 관하여 논하기보다는 한국어와 일본어의 젠더표현3)의 현상자체를 대조하는 데 그 의미를 두고 있다. 또한 본고에서는 기존의 '여성어, 성별어' 등의 용어의 사용보다는 '젠더, 젠더표현'이라는 용어를 사용하고자 한다.

한국어의 경우는 일반적으로 한국인 사이에서도 한국어에 여성

---

3) 젠더표현은 종래의 연구에서 일본어의 경우, '女ことば, 女性語' 등의 표현이 사용되었으나 최근에는 젠더표현이라는 용어를 사용하기 시작하고 있다. 한국어에서는 '성별어, 여성어'라는 용어를 사용하고 있으며 젠더표현이라는 용어는 아직 사용하고 있지 않다.

어가 존재하는 것을 의식하지 못하고 있는 사람도 많고 여성어의 존재를 의심하는 연구자도 적지 않다. 그러나 한국어에도 여성어가 명백히 존재한다고 말할 수 있으며, 특히 '-해요체'의 사용에서 알 수 있다. 그리고 호칭어, 의성어, 의태어, 감탄사, 간투적 표현에서도 여성어의 특징은 부분적으로 나타난다. 또한 여성에 관한 표현은 어휘의 전 영역에서 나타난다.

한편, 일본어에서는 남성이 주로 사용하는 표현과 여성이 주로 사용하는 표현이 구별되며, 상당히 체계적이다. 대체로 여성적인 표현은 비교적 단정을 피하고, 명령적이 아니며, 자신의 생각을 강요하지 않는 언어 특징을 나타낸다. 그리고 남성적인 표현은 단정이나 명령, 주장, 설득을 하는 경향이 많다. 이와 같은 언어 사용의 차이는 문말표현, 인칭대명사, 어휘, 인토네이션, 문법, 경어 분야에서 잘 나타난다.

일본 문화청(文化廳)이 실시한 설문조사에 의하면 일본인들은 언어사용에 있어서의 남, 녀의 차이를 두는 것을 선호하는 것으로 나타났다.[4]

이와 같이 일본어에서는 '언어와 젠더'라는 측면에서 문화적·사회적으로 구별이 아직 용인되고 있다는 것을 감지할 수 있으며, 한국어에서의 실정도 거의 흡사하다는 것을 알 수 있다.

---

4) '언어사용 면에 있어서 남녀의 차이가 점점 없어져 가고 있다고 하는데 이 점에 대한 당신의 생각에 가장 가까운 것을 하나 고르시오.'라는 질문에 대한 선택지로 '차이가 없는 편이 좋다.', '자연의 흐름이며 할 수 없는 일이다.', '차이가 있는 편이 좋다.'의 세 가지가 제시되었다. 응답의 결과는 1995년도에 '차이가 있는 편이 좋다.'는 항목에 44%, 2000년도에는 52%로 증가추세를 나타냈다.
고야노(小矢野哲夫: 2004)「暮らしの中にひそむ日本語とジェンダー」『日本語学』Vol.23 No.6 明治書院 p.60.

본 연구의 목적은 한·일 양 언어에 있어서 젠더표현이 어휘, 문장, 담화레벨에서 공통적으로 나타나고 있다는 점을 인정하고 그 유사점과 상이점을 대조 분석하는 데 있다. 한·일 대조연구는 음운, 문법, 언어사용, 어휘, 의미, 경어 등의 분야에서 다양한 연구 성과를 내고 있다. 그러나 한국어와 일본어의 젠더표현의 대조는 현 단계에서는 충분한 연구 성과를 거두지 못하고 있다.

이에 본 연구를 통하여 다음과 같은 결과를 목표로 하고자 한다.

첫째, 異文化 커뮤니케이션에 대한 이해
둘째, 정확한 한국어·일본어의 구사
셋째, 한국어·일본어의 젠더 교육의 지도·지침
넷째, 한국어의 젠더 연구의 촉매제 역할

1.2. 연구방법

본고는 젠더표현을 주제로 한 종래의 연구 성과를 검토하는 데서 출발한다. 그 연구들은 크게 두 가지 경향으로 구분된다.

첫째는 남성과 여성의 언어적 차이가 어떻게 다르며 그것은 무엇을 의미하는가에 대한 문제를 다룬 연구이다.

오그라디(O'grady: 1989)의 상대적 여성어[5]와 절대적 여성어[6]의

---

5) 남성어와 여성어가 같은 어휘 항목이나 언어적 자질을 사용하지만 그것이 사용되는 상대적 빈도수에 차이가 있는 것.
6) 남성어와 여성어가 서로 다른 유형을 가지고 있기 때문에 한 언어 유형 속에는 한 성만 속

분류에 따르면 한국어는 상대적 여성어,7) 일본어는 상대적·절대적 여성어로 구분된다. 그리고 이데(井出祥子: 1997)에서도 상대적 여성어와 절대적 여성어를 언급하고 있다.

둘째는 페미니즘의 관점에서 언어 속에서의 성차별의 사실을 명백하게 하고 그것을 현실사회 안에서 인식하고, 이러한 언어현상은 시정되어야 한다고 보는 일련의 연구들이 있다.

본 연구는 성차이어와 성차별어를 중심으로 한국어와 일본어의 대조의 입장에서 검토한다. 이를 위하여 각 장면을 반영하고 있는 구어체 문장을 중심으로 한국어와 일본어의 문학작품에서 용례를 추출하였다. 1990년대 이후 2000년대의 소설을 중심으로 당시의 베스트셀러, 문학상 수상작, 작가의 지명도를 고려하였고, 일반성을 고려하여 극단적인 내용을 피하고 청춘, 연애, 가족적인 주제를 다룬 것으로 선정하였다. 장면성이 고려되지 않는 여성관사와 남성관사의 용례와 속담은 사전류의 용례를 분석의 자료로 하였다.

추출한 구어체문의 한국어의 용례는 인칭대명사 1512례, 문말형식 653례이며, 일본어의 인칭대명사의 용례는 1239례, 문말형식의 용례는 464례이다.8) 이들 예문을 화자와 청자의 연령, 성별, 친소 등의 관계에 따라 각 장면에서 어떻게 나타나고 있는가를 분석하였다. 본 연구의 구성은 다음과 같다.

종래의 젠더표현에 관한 선행연구를 제2장과 제3장에서 다루고

하고 다른 성은 배제되는 것.

7) 임홍빈(1993)에서는 여성이 사용하는 연어미 '-(는/나)가요, -나요'형은 거의 절대적 여성어에 속한다고 하며, 여성이 자신을 지칭하는 명사의 대명사적인 용법인 '소첩, 소녀', 남편에 대한 호칭이나 지칭으로 쓰이는 '아빠' 같은 표현도 절대적 여성어에 속한다고 논술하고 있다.

8) 각각의 예문에 대한 사용 빈도수 및 자세한 해설은 각 해당 장에서 명시할 것임.

있다. 제2장에서는 젠더의 정의와 서양 언어에서의 젠더연구의 흐름을 중심으로 하고, 제3장에서는 한국어와 일본어의 젠더표현의 연구사를 살펴본다.

제4장과 제5장에서는 추출한 용례들을 인칭대명사와 문말표현을 중심으로 어휘적 측면, 문법적 측면, 화용론적 측면에서 분석하였다.

제4장에서는 한·일 양언어의 1인칭대명사와 2인칭대명사가 화자와 청자 간의 관계를 중심으로, 가족관계, 연인관계, 선후배 관계, 동년배관계 등에 따라 어떻게 다르게 사용되고 있는지에 대하여 대조 분석하였다. 그리고 현대일본어의 젠더표현에 나타나고 있는 중성화 현상에 대하여 검토하였다.

제5장에서는 담화9)문의 문말표현 중에서 직접행위요구표현10)이라고 할 수 있는 명령과 의뢰 표현에 대하여 고찰하였다. 화자가 명령·의뢰표현에서 어떤 문말표현을 사용하고 있는가. 남성은 단정적이며 강한 표현을 사용하고 여성은 단정적인 형식을 간접적 표현으로 나타내며 그와 같은 간접적인 표현을 하기 위해 정중한 표현, 생략표현, 반어, 억압이 약한 종조사 등을 사용한다는 것에 대해 살펴보고 이와 같은 가설이 소설의 담화 속에서 어떻게 반영되어 있는지 분석하였다. 그리고 문말표현에서의 언어의 중성화 현상에 대하여도 살펴보고자 한다.

제6장에서는 일반명사 앞에 '여, 여성, 여류, 여자, 남, 남성, 남

---

9) 담화(談話, Discourse)란 화자·청자가 한 가지 화제, 사건, 주제에 대하여 교환하는 언어단위 혹은 두 개 이상의 문장으로 구성되어 응집성, 결속성, 의미성을 가진 언어 단위이다.
10) 행위요구표현을 직접적 행위요구표현과 간접적 행위요구표현으로 나눈다. 그리고 다시 직접적 행위요구표현은 명령형과 의뢰형으로, 간접적 행위요구표현은 희망형, 권유형, 의지형, 의문형 등으로 분류한다.

자' 등의 관사가 붙어서 사용되고 있는 여성관사와 남성관사를 대조 분석하였다. 사전의 용례를 중심으로 남·여 양성의 대칭, 비대칭어휘로 나누어 젠더페어의 관점에서 살펴보고자 한다. 양성의 대칭, 양성의 비대칭어휘는 다시 직업 및 지위의 어휘, 교육어휘, 일상·문화어휘, 종교에 관한 어휘, 성관계에 나타난 어휘를 중심으로 다섯 가지로 분류하여 언급하고자 한다. 또한 여성관사의 어휘 수가 남성관사의 어휘 수보다 더 양적으로 많은 현상에 대해 논하고 이에 대한 사회적인 영향에 대하여 살펴본다. 아울러 현대어의 신어에 나타나는 여성관사와 남성관사에 대해서도 조사해 보고자 한다.

제7장에서는 한국어와 일본어의 속담에 나타나는 젠더표현에 대해 고찰한다.

한·일의 속담은 여성을 플러스 이미지로 평가한 것과 마이너스 이미지로 평가한 속담으로 분류하고 마이너스 이미지의 속담을 다시 여성을 무능력자로 묘사한 것, 여성을 남성의 방해자로 묘사한 것, 여성을 남성의 의존적 존재로 묘사한 것, 여성을 수다쟁이로 묘사한 것, 여성을 질투의 화신으로 묘사한 것, 여성을 변덕스런 인간으로 묘사한 것, 여성에게만 정조관념을 강요한 것으로 나누어 대조한다. 또한 그 수는 적으나 남성에 관련된 속담에 대해서도 언급하고자 한다.

마지막으로 제8장 결론에서는 각 장의 결과 및 고찰을 정리한 몇 가지 분석 결과를 제시하고 그 결론에 따른 전망과 앞으로의 과제 등에 대하여 서술하겠다.

제2장

언어와 젠더

2.1. 젠더(gender)의 정의

'언어와 젠더'의 관계에 대해서는 1973년 로빈 레이코프(Robin Racoff)[11]가 '언어와 여성'에 관한 문제를 처음으로 제기한 이래, 사회언어학, 언어사회심리학, 언어사회학 등에 있어서 큰 테마의 하나로 여겨져 왔다.

이 논문에서 한국어와 일본어에서의 '젠더'의 의미는 어떤 것이며, 또한 젠더라는 용어는 어떠한 자리매김이 되어 있는가에 대해 살펴보는 것은, '젠더'라는 키워드를 푸는 중요한 과정이라고 생각된다.

따라서 우리가 흔히 성(性)이라고 지칭하는 용어에 대한 해석부터 정리해 보고자 한다. 성(性)을 지칭하는 영어로 섹스(sex), 젠더(gender), 섹슈얼리티(sexuality) 등 다양한 단어들을 떠올릴 수 있다.

'sex'라고 할 때에는 주로 신체구조에 따른 남녀의 생물학적 성별을 의미하는 개념으로 사용하고, 'gender'라고 할 때는 사회문화적 성을 지칭하는 개념으로 사용한다. 프랑스의 실존주의적 페미니스트인 시몬느 드 보봐르가 "여자는 여자로 태어나는 것이 아니라 여자로 길러지는 것이다."라고 했을 때의 '여자로 태어나는 것'은

---

11) 로빈 레이코프는 '언어와 젠더' 연구에 관해서는 대모와 같은 존재이다. 레이코프에 대한 언급은 2.2 서구 언어의 젠더연구에서 좀 더 상세하게 기술하고자 한다.

생물학적 sex개념이며 '여자로 길러진다는 것'은 사회문화적 젠더의 개념으로 이해할 수 있다. 1995년 중국 북경에서 국제연합 주체로 열린 제4차 세계여성대회에서는 참가자들이 '섹스에서 젠더로'라는 슬로건을 채택함으로써[12] 점차 일반인들에게도 젠더라는 용어가 알려지게 되었으며 학술용어로서도 자리를 잡게 되었다. 이러한 변화는 남성과 여성이라는 개념이 결코 생물학적으로 결정된 것이 아니라 사회문화적으로 그 역할이 규정된 사회 과학적 개념이라는 것을 시사해 준다. 젠더를 단순히 '성차(性差)'로 해석하는 경우도 있으나 대개는 원어를 그대로 살린 '젠더'로 표현하는 경우가 더 많다고 할 수 있다.

'sexuality'는 성교나 성행위 같은 구체적 성행동을 포함하지만 보다 넓고 다양한 성적 욕망과 실천, 그리고 정체성을 지칭하는 포괄적 의미로, 19세기 이후에 만들어진 개념이다. 『페미니즘이론사전』(1995)에서는 섹슈얼리티를 성적 욕망을 창조하고, 조직하고, 표현하고 방향 짓는 사회적 과정으로 설명하고 있다.

그런데 한국어에서의 '性'에는 섹스, 젠더, 섹슈얼리티 개념이 통합되어 있기 때문에 각각의 담론이 여성을 어떻게 다르게 이해하고 있는지를 보기 위하여 이 개념의 구분이 필요하다. 이처럼 성을 단순한 개념으로만 정의할 수 없다는 것은 그만큼 성이라는 것이 인간 개인의 신체구조와 심리구조, 나아가 사회문화적 규범과 사회조직들과 관련된 복합적 개념이라는 것을 시사해 준다.

그러면 좀 더 구체적으로 섹스, 젠더에 대해 살펴보면 다음과 같다.

---

12) 이춘아 · 김선아(1997) 「성차별적 언어사용에 관한 연구」 한국여성개발원 pp.204~205.

2.1.1. 생물학적 성

성(性)이란 남녀의 신체구조의 따른 차이를 말한다. 인간의 호르몬이나 생식기능의 차이 및 유전자 등의 생물학적 요소 혹은 정신, 심리 구조 등의 본질적인 요소들로 인해 역사와 문화를 초월하여 고정불변한 남녀의 차이나 성적인 선호의 차이들이 발생된다는 것이다.

생물학적 차이가 있는 한 남녀의 비대칭적인 특성은 운명과 같은 것이므로 사회, 문화적인 차원에서의 변화를 통해서 남녀의 성적 욕망의 구조는 바뀔 수 없다고 본다. 이는 성적 주체로서의 여성의 행위성을 인정하지 않게 되고 결국 기존의 성기 중심적, 이성애 중심적, 남성 중심적 성문화를 정당화하고 유지시키게 된다.

2.1.2. 젠더

젠더13)란 사회적으로 구성되는 남녀의 아이덴티티, 즉 사회적,

---

13) 철학자 이반·이리이치가 버내큘러·젠더(vernacular·gender)라는 말을 사용하기 시작하며 '젠더'라는 말이 세상에 소개되었다.
『현대용어의 기초지식』(1996, 2000, 2006)에 소개된 젠더에 관련된 어휘를 소개하면 다음과 같다.
①젠더·갭(gender gap): 남성과 여성의 사상, 행동의 차이
②젠더·바이어스(gender bias): 성적 편견
③젠더 프리(gender-free): 성차로부터의 해방을 의미한다. 또 그 교육과 실천을 목표로 동경여성재단이 1995년 간행한 텍스트의 이름.
④젠더·벤더(gender bender): 남성과 여성의 구별이 없는 패션
⑤젠더·베리피케이션(gender verification): 여성만 참가하는 경기에서 사전에 여성인지 아닌지를 확인하는 의학적 검사. 페미니티·컨트롤, 섹스체크라고도 한다.
⑥젠더·헤러스먼트(gender harassment): 성별을 이유로 차별함.

문화적으로 길들여진 성이며 여성다움과 남성다움을 통칭하며, 사회적으로 특정성에 부합되는 젠더의 특질이 있다고 인정되어 왔다. 그러나 페미니즘은 여성다움과 남성다움이 생물학적 차이에 의해서 결정되는 것이 아니라 남성중심사회에서 권력을 가진 남성들에 의해 여성들에게 부과된 것이라고 강조하고 있다.

또한 페미니즘에서는 젠더의 정체성의 문제에 대하여 다양하게 논의하고 있는데, 아이덴티티란 내가 누구며 나는 무엇을 해야 하고 어떻게 해야 하는지에 대한 판단의 집합이다. 그리고 그 의미는 대상으로서의 자아의 한 형태로 나는 누구이며 이 세상에서 무엇을 할 수 있는가 하는 자기 탐색적인 물음에 대한 대답으로서 자신의 능력, 위치, 역할 등에 대한 자각과 개념을 포함한 종합적인 자아상이라고 할 수 있다.

가부장적 사회에서는 사회적 성의 구분이 남녀 간의 역할과 지위를 구별 또는 차별하는 것으로 작용하며, 그 결과 인간의 아이덴티티를 규정한다. 가부장적 사회는 생물학적 성에 입각하여 여성과 남성을 구분하고 이를 인간의 자아 아이덴티티의 기본으로 내면화시키는 젠더체계(gender system)를 구축해 온 것이다. 여성의 역할, 남성의 역할로 이분화(binary)하는 성역할체계나 여성성과 남성성으로 이분화한 상징 질서와 문화적 규정은 인간을 바로 젠더에 따라 각기 다른 집합적 정체성을 구성하도록 사회화시킨다.[14]

이러한 이분법은 남성을 중심으로 하는 위계적인 가족 질서와 사회관계, 조직과 권위, 권력체계와 가치체계들을 형성해 왔으며,

---

14) 이혜숙(2003) 「젠더정체성과 페미니즘」 『젠더를 말한다』 경상대 인문학연구소 인문 학총서7 박이정 pp.105~106.

이러한 젠더의 불평등은 언어 사용 면에서도 성차별어를 낳는 결과를 초래하고 있다고 할 수 있겠다.

'젠더'의 개념은 한국어에서는 아직 생소한 느낌을 준다. 여성학 분야에서는 젠더연구가 이루어지고 있으나, 한국어에서는 일본어의 연구에 비하여 활발히 이루어지지 않고 있는 실정이다. 젠더와 관련된 용어를 살펴보면 한국어에서는 '여성어', '성별어'라는 용어를 사용을 하고 있으며, '젠더'라는 용어의 사용은 최근의 연구에서도 찾아보기 힘들다.15) 그러나 한국문학에서는 '젠더'라는 용어를 사용한 몇몇 논문을 찾아볼 수 있으며,16) 이를 주제로 한 연구 성과들이 나타나고 있다.17)

한편, 한국의 여성의 여성사 연구에서는 1970년 중반부터 '성(sex)'이라는 용어를 '젠더'라는 개념으로 대치할 것을 제안하였다.18)

한국이 일본에 비해 특히 언어학 분야에서 '젠더'의 개념이 보편화되어 있지 않다고 할 수 있으나 여성의 지위향상에 대한 정책적인 실현은 빠른 변화를 나타내고 있다.

'여성특별위원회'에서 '여성부'로 다시 '여성가족부'19)로 그 명칭

---

15) 이덕호(1997)는 한국어의 표현은 특별한 맥락적 제한이 없을 경우에는 일반적으로 'Language and gender'보다는 'Language and sex'라는 표현이 쓰이고 있다고 지적하고 있다.

16) 이호경(2001) 「젠더 분석 틀로 본 브레히트의 여성들」 연세대학교 박사학위논문. 이정희(2001) 「오정희 박완서 소설의 근대성과 젠더의식 비교연구」 경희대학교 박사학위논문.

17) 송명희(2000) 『섹슈얼리티, 젠더, 페미니즘』 푸른사상. 송무외 14인(2003) 『젠더를 말한다』 박이정. 김선남, 정현욱(2002) 『섹스젠더미디어』 범우사.

18) 정현백(2003) 『민족과 페미니즘』 당대 pp.133~134.

19) 여성가족부는 여성에 관한 정책을 담당하는 중앙행정 기관을 가리킨다. 1998년 2월 대통령직속 여성 특별위원회가 발족하였고 2001년 1월 29일 정부 조직법개편에 따라 여성부(女性部, Ministry of Gender Equality)로 출범하였고 2005년 여성가족부(女性家族部,

이 변화되어 오면서 남녀차별의 문제는 권고나 주의를 받는 수준에서 제도를 통한 행정조처로 강제력을 가지게 되는 등 여성문제를 해결하기 위한 법안제출권한이 가능하게 되었다. 그 밖에도 국가 공무원의 채용에서도 '여성채용목표제'를 도입하여 여성지위의 향상에 박차를 가하고 있다.

가시마(鹿嶋 敬: 2003)는 한국의 여성의 지위향상을 위한 정책적 변화의 원인을 다음과 같이 분석하고 있다.[20]

첫째, 1990년대 말의 한국의 경제위기로 인하여 맞벌이 가정이 늘어나면서 남녀의 의식구조가 크게 변화되었고 여성의 권익에 대한 법안의 정비가 빠르게 진행되었다.

둘째, 대통령이 직접선거로 선출되는 사실이 여성지위향상에 기여한다.

셋째, 한국이 글로벌화를 지향하고 있으므로 이러한 맥락에서 여성지위의 향상도 빠르게 변화하고 있다.

일본의 경우에도 '젠더'라는 용어의 인지도가 전문가나 관심을 갖는 사람들 사이에서 높은 것은 당연한 반면, 일반인들의 인식은 아직 부족하다고 말할 수 있다. 구체적인 결과로 2002년 일본문화청의 『國語に關する世論調査』를 들 수 있다. 이것은 외래어 125어를 대상으로 그 인지율, 이해율, 사용률에 대하여 조사한 것이다.

Ministry of Gender Equality and Family)로 그 명칭이 바뀌었다.
여성가족부의 인터넷주소는 http://www.mogef.go.kr
20) 가시마(鹿嶋 敬: 2003) 『男女共同參畵の時代』 岩波新書 pp.197~198.

'젠더'라는 용어에 대한 물음에 대한 응답으로 인지율 18.1%, 이해율 10.0%, 사용률 5.3%로 나타났고, 전체 125어에 대한 순위 매김에서는 인지율 109위, 이해율 109위, 사용률 107위로 매우 저조한 현상을 보이고 있다.[21]

일본어 여성어 연구에서는 종래에는 '여성어(女性語)', '여자말(女ことば)' 등의 용어를 사용하였고, 1995년 이후 '젠더(ジェンダー)'로의 변화를 보이기 시작하였다.

사사키(佐々木瑞枝: 2003)는 『女と男の日本語辞典』의 후기에서 책의 타이틀로 '젠더'라는 용어를 사용할 것인지에 대해 고심한 흔적을 서술하고 있다. 처음에 생각한 책의 타이틀은 '日本語のジェンダー表現辞典'이었다고 한다. 그러나 2000년 현재 아직 시민권을 얻지 못했기 때문에 '여성과 남성의 일본어 사전'이라는 타이틀로 정할 수밖에 없었다고 한다.[22] 이와 같이 2000년 초기만 해도 '젠더'라는 용어가 보편화되어 있지 않았던 것이다.

그러나 한국의 실정과 비교해 볼 때 일본에서는 '國際ジェンダー 學會'[23], '日本語ジェンダー學會'[24] 등의 전문학회가 운영되고 있으며 지방행정에서도 1999년에 '男女共同參畵社會基本法'[25]이 공포된 이래 계발활동을 시작으로 '젠더'라는 용어가 확산

---

21) 고야노(小矢野哲夫: 2004) 「暮らしの中にひそむ日本語とジェンダー」 『日本語学』 Vol.23 No.6 明治書院 pp.56∼57.

22) 사사키(佐々木瑞枝: 2003) 『女と男の日本語辞典 下』 東京堂出版 pp.310∼311.

23) 인터넷주소 http://www004.upp.so-net.ne.jp/igsw

24) 인터넷주소 http://wwwsoc.nil.ac.jp/gender/

25) '男女共同參畵社會'(1999)란 남녀가 서로의 인권을 존중하면서 책임도 서로 나누어 가지며 성별에 관계없이, 그 개성과 능력을 충분히 발휘할 수 있는 사회를 말한다.
男女共同參畵의 기본계획은 다음의 11항을 제정하고 있다.
①정책・방침결정과정에의 여성참획의 확대

되어 가고 있다. 그러나 현재에도 '젠더'와 '성별'의 두 가지 용어
는 병용되고 있는 실정이다.

2.2. 구미 언어의 젠더연구

　서구 언어의 젠더 연구에 있어서 페미니즘의 영향은 가장 큰 비
중을 차지하고 있다. 우선 서구에 대하여 살펴보기로 한다.
　페미니즘의 대모로서 메리울스톤크래프트(Merry Wollstonecraft:
1792)를 들 수 있다. 『여성 권리의 옹호』는 영국 역사상 최초의
본격적인 페미니즘 선언서로 인정받고 있다. 그녀는 당시 여성을
남성을 위한 도구로 양육하고 취급하는 당시의 성 이데올로기에
대해 강력히 항의하고 여성도 남성과 같이 교육을 받아 지성을 개
발하고 단련할 권리와 의무가 있고 독립적인 인격체로 결혼생활에
서 동등한 파트너가 되고 경제적 능력과 권리를 갖고 사회생활에
참여할 수 있어야 함을 강조했다.

---

②남녀공동참획의 시점에서의 사회제도·관행의 재조명, 의식의 개혁
③고용 등의 분야에서 남녀의 균등한 기회와 대우의 확보
④농어촌의 남녀참획의 확립
⑤남녀의 직업생활과 가정·지역생활의 양립의 지원
⑥고령자 등이 안심하고 생활할 수 있는 조건의 정비
⑦여성에 대한 모든 폭력의 근절
⑧여성의 건강지원
⑨미디어에서의 여성의 인권 존중
⑩남녀공동참획을 추진하고 다양한 선택을 가능하게 하는 교육·학습의 충실
⑪지구사회의 '평등·개발·평화'에의 공헌
이상의 내용은 전게서 가시마(鹿嶋 敬: 2003) 『男女共同叄畵의時代』의 pp.19~21에서
인용함.

이어서 버지니아 울프의 『나만의 방』, 시몬느 드 보봐르(Simone de Beauvoir)의 『제 2의 성』이 발표되었는데, 보봐르는 '여자는 여자로 태어나는 것이 아니라 여자가 되는 것이다.' '여자는 현실에 있어서 ≪타자≫라는 것이다.'라고 여성을 표현하고 있다.

구미의 페미니즘의 제2의 물결은 1960년대 미국을 중심으로 일어난다. 1963년의 베티 프리단(Betty Friedan)의 『여성의 신비(Feminie Mystique)』는 이러한 페미니즘 운동에 시동을 걸은 저서로 평가된다. 사실 프리단의 연구대상은 중산층 백인 여성들이었으므로 이들의 문제를 모든 여성의 문제로 일반화하는 데에는 무리가 있다는 비판이 있었다. 그러나 선구자로서의 베티 프리단의 위치는 현재까지도 매우 확고하다. 프리단은 여자들이 종래의 여성다운 이미지에 일치하려는 노력을 멈출 때 비로소 여성다워지며 여성으로서의 삶을 즐길 수 있다고 권고한다. 그러나 여자가 삶의 의의를 성취하기 위해 가정을 박차고 나가야 한다고 주문하지는 않는다. 그녀를 보수주의 페미니스트로 규정하는 것은 바로 이러한 처방에 연유한다.

이상의 페미니즘을 세분해 보면 급진주의 페미니즘과 보수 온건주의 페미니즘 이외에 사회주의 페미니즘, 흑인 페미니즘, 레즈비언 페미니즘, 에코페미니즘 등을 들 수 있다. 특히 앨리스 워커(Alice Walker)와 같은 흑인 작가는 지금까지 사용되어 온 페미니즘이란 용어가 백인 중산층을 전제로 조성된 어휘라고 규정하고 기존의 페미니즘이란 용어가 흑인여성들의 문제를 담을 수 있는 포괄성이 결여된다고 보았다. 그리고 그 대신 우머니즘이란 용어를 제창하며 우너니즘이야말로 제3세계의 여성들이 당면한 문제까지

포용할 수 있다고 주장한다.

'언어와 젠더연구'는 사상으로서의 페미니즘이 자연, 사회, 인문과학에 영향을 주기 시작한 1970년대에 젠더와 언어의 관계를 명확히 하기 위한 목적으로 탄생했다.

초기의 언어와 젠더 연구는 언어적 성차별을 포함하는 모든 성차별을 없애려는 페미니즘 운동과 밀접하게 연동되어 있고 당시는 '언어와 성차별 연구'라고 불렀다.

페미니즘의 이전의 언어연구에서는 성이나 여성의 언어행동을 연구대상으로 하는 시점이 결여되어 있었다. 여성의 언어행동은 출생과 동시에 결정되는 성에 따른 생물학적 결정론을 믿고 있었기 때문에 그것을 사회와의 관련에서 연구하는 시점이 없었다.

언어학에서는 언어체계와 언어사용의 분류에 대해서 여자를 나타내는 데 사용하는 언어표현의 연구(젠더 표현연구)와 여자가 사용하는 언어연구(언어사용과 젠더연구)는 별도로 분류되어 다루어져 왔다. '젠더표현연구'는 페미니즘의 언어 개혁 운동의 주장을 뒷받침하는 언어분석에서 문학이나 언어 이외의 매체에 관한 연구로 확산되어 갔다.

젠더의 문제는 전통적으로 문법 범주의 틀 안에서 연구되어 왔다. 그런데 20세기에 들어 인종, 성별 등에 관심을 둔 인류언어학이 발달하고 특히 인종, 지역, 계층, 성별, 연령이라는 5대 요인을 언어 변화의 중요 요인으로 중시하는 사회언어학이 발달하면서 성별언어에 대한 관심의 폭도 넓어져 갔다. 성별언어는 성별방언[26]

---

26) 방언의 한 종류로 취급되고 있다 그 종류는 다음과 같다.
   지역변이(regional dialect), 사회방언(social dialect), 연령에 의한 사회방언(age dialect), 직업, 전문어 방언(occupation dialect), 소수인종어(ethnic dialect), 성별어(sex dialect)

으로도 표현한다.

그 후 성별언어의 연구는 남녀 차별적인 사회 구조를 다루는 여성 해방운동이나 페미니즘 사조의 영향으로 성차별적인 언어현상, 즉 성차별어의 연구로 확산되어 갔다. 따라서 오늘날의 성별언어 연구는 크게 성차이어(gender - different language)의 연구와 성차별어(gender - discriminative language)의 연구로 나뉜다.

이 분야의 본격적인 연구는 레이코프(Lakoff: 1973)가 남성과 여성 중 어느 쪽이 보다 특정한 언어형식이나 표현을 많이 쓰는지에 대한 상대적 차이를 연구하면서 활발히 전개되었다. 레이코프의 연구[27]는 1970년대 초기 여성운동 정신에서 나온 것으로 당시의 상당한 관심을 끌었다. 후에 지나치게 언어학적 내성에 의존하였고 경험적인 데이터를 많이 확보하지 못했다는 이유로 비판받기도 하였지만, 레이코프는 이후 20여 년간의 여성어 연구에 영감을 불어넣은 창시자로 높이 평가받고 있다.

한국어에서도 젠더 연구의 서론 부분 등에서 레이코프의 인용을 쉽게 접할 수 있다. 또한 일본에서의 활발한 젠더연구도 레이코프의 영향이 그 촉매제 역할을 했다고 할 수 있겠다. 따라서 레이코프의 연구 내용에 대해 좀 더 살펴볼 필요성이 있다고 생각된다.

레이코프는 언어학의 '언어체계'와 '언어사용'의 구별에 따라 '여

---

27) 여성에 대한 사회언어학적 연구는 통계언어학적 방법론을 쓴 『계량 - 사회언어학적 연구』와 여성주의적 관점을 도입한 『여성주의 - 사회언어학적 연구』로 나눌 수 있다. 『계량 - 사회언어학적 연구』는 W. Labov(1966, 1972), P. Trudgill(1972, 1974, 1983) 등의 연구가 대표적이다. 이들에서 얻어진 일반적 결론은 여성의 표준어, 표준발음 지향성 등을 들 수 있다. 『여성주의 - 사회언어학적 연구』는 여성운동과 여성주의의 대두로 여성의 억압구조와 여성어의 상관성을 사회언어학적으로 해석하려는 논의로서 성차별, 성별언어와 문화의 상관성 등 이데올로기적인 문제를 다루고 있다. 그 대표 주자가 레이코프이다.

성을 표현하는 데 사용되는 말과 '여성의 언어행위'의 두 가지 분야로 구별했다.

레이코프가 열거한 '여성의 언어'의 특징은 다음과 같다.

① 섬세한 구별의 색채어를 사용한다.
② '제기랄'보다는 '어머나' 등을 사용한다.
③ 여성은 '멋져'와 같은 형용사를 사용한다.
④ 여성은 화자의 자신이 없음을 나타내는 부가의문문이나 상승 인토네이션을 사용한다.
⑤ 여성은 '저-' '-같은' '-라든지'와 같은 내용에 대해 부정확한 표현을 사용한다.
⑥ 단정적인 표현보다는 감정을 억누르는 표현을 사용한다.
⑦ 여성은 생략형이나 축약형을 사용하지 않고 지나치게 바른 사용을 택한다.
⑧ 여성은 남성보다 정중한 의뢰표현을 사용한다. 이것은 여성이 남성보다 사회적 지위가 낮은 것을 의미한다.
⑨ 여성은 농담을 말하지 않는다.
⑩ 여성은 과장하거나 강조하여 말한다.

레이코프는 이와 같은 특징을 가진 여성화자의 발화는 설득력이 결여되어 있으며, 화자의 자신감이 결여되어 있음을 전한다고 생각했다. 그 이유는 무엇일까? 레이코프는 이에 대해 두 가지 이유를 들고 있다.

첫째, 여성은 사회적으로 지위가 낮은 '비권력자'이기 때문이다. 즉 여성이 남성과 다른 언어를 사용하는 결정적 요인은 성(性)이 아니라 현실사회에 있어서의 '힘'인 것이다.

둘째, '자기주장은 좋은 것이 아니다, 여자로서 어울리지 않다, 여자답지 않다.' 따라서 단정적이지 못하고 정중하고 자신이 없는 모습이 '여성다움'으로 규범화된 것이다.

레이코프는 또한 여성이 여성의 언어를 사용하여 말할 때 직면하는 일상적인 문제를 다음과 같이 세 가지로 지적하고 있다.

첫째, 여성은 여성과 말할 때에는 여성의 언어를 사용하고 남성과 말할 때에는 남성의 언어를 사용하는 코드스위치를 한다. (이중언어사용)

둘째, 여성의 언어를 습득하여 말하면 여성답다고 하지만 설득력이 없다고 하며, 여성의 언어를 습득하지 않으면 여성답지 않다고 단정한다.

셋째, 여성은 이렇게 말해야 한다는 스테레오 타입과 여성은 이렇게 말하지 않으면 안 된다는 규범이 존재한다고 지적했다.

레이코프의 연구는 과학적 뒷받침이 결여되어 있다고 하는 방법론에 대한 비판을 받고 있다. 또한 남성의 화법은 이상적 화법이며 이에 비해 여성의 화법은 열등하다고 판단한 것에 대한 비판도 있었다. 그럼에도 불구하고 레이코프의 연구가 젠더 연구에 지대한 공헌을 한 것은 부인할 수 없다고 생각된다.

1990년대로 들어서면서 담화에 있어서 남녀의 차이에 기인하는 모델이 제시되었다. 그중에서도 '문화차이 모델'에 대한 비판은 '언어와 젠더연구'가 페미니즘이라는 사회운동에서 출발하여 발전되어 왔던 언어연구로서는 특이한 분야라는 것을 여실히 나타내고 있다.

'문화차이 모델' 자체가 남성지배의 사회구조에 언급하지 않았으며 연구결과를 받아들이는 데 있어서 성차를 생물학적인 '차이'로서 포착하는 경향이 강했기 때문이다. 「언어와 젠더 연구」가 남녀의 권력구조나 그 사회가 '성'을 어떻게 포착할 것인가? 즉 성에 관한 이데올로기까지 포함된 포괄적인 연구가 되지 않으면 안 된다는 표명인 것이다.

이와 같은 포괄적인 연구를 위해 '언어와 젠더연구'가 되돌아간 것도 페미니즘이론이었다. 페미니즘이론은 이미 '언어를 사용하는 행위(담화)'의 중요성을 지적한 포스트구조주의를 도입하고 있고, 이 시점은 '언어와 젠더연구'에서도 우리들은 '언어를 사용하는 행위'에 있어서 어떠한 젠더를 만들 것인가를 묻는 새로운 시점을 제공했다. 그 과정에서 '언어와 젠더연구'와 페미니즘 운동의 관계가 재확인되었다.

종래의 '언어와 젠더연구'에는 언어연구로서 입장을 고수하는 연구와 페미니즘운동에 적극적으로 관계하려고 하는 연구가 병존되어 왔다. 전자는 젠더를 고려하지만 언어학의 객관적 순서에 따라 분석하고 언어연구에 공헌할 것을 목적으로 하는 연구이고, 후자는 사회의 젠더관계를 개선하기 위해서 유효한가 어떤가 하는 시점에서 언어연구의 틀을 검토하는 연구이다.

앞으로의 「언어와 젠더연구」는 기존의 언어모델을 준수하는 것이 아니라 페미니즘이론뿐 아니라 문학, 역사학, 사회학, 심리학, 인류학 등의 인접 분야와 적극적으로 관련하는 것에 의해 풍부한 언어모델을 제안하는 방향을 향해 가게 될 것이다. 즉 추상적 언어구조가 아니라 사회 구조와 관계된 포괄적인 언어의 연구가 요청되는 것이다.

제3장

젠더표현의 선행연구

 3.1. 한국어의 선행연구

한국어의 젠더표현을 다룬 연구의 특징을 크게 분류하면 다음과 같다.

첫째, 젠더연구사
둘째, 어휘적 연구
셋째, 음성적 연구
넷째, 통사적 연구
다섯째, 화용론적 연구
여섯째, 언어사회학적 연구
일곱째, 페미니즘적 연구

한국어의 젠더 연구사에 대해서는 민현식(1995), 박창원(1999), 전혜영(2002)의 업적을 들 수 있다.

민현식(1995)에서는 성별어의 연구 방법을 통시적 연구와 공시적 연구로 나누고 있다. 공시적 연구 분야를 여성 집단어 연구, 문법적 연구, 언어심리학적 연구, 화용론적 연구, 종합적 연구로 분류하고 있다. 그리고 연구 방법으로는 사회언어학적[28] 측면의 연구가 그 주류를 이루고 있다고 보고하고 있다.

박창원(1999)에서는 여성어 연구의 선구자 역할을 한 서구의 여성어 연구사에 대해 본론 초반부에 언급하고, 이어서 한국의 여성어 연구사에 대해 기술하고 있다. 한국의 여성어 연구사는 연구사 개관, 여성 대상어29) 연구사, 여성 발화어30) 연구사로 나누어 연구 결과를 제시하고 있다.

전혜영(2002)에서는 여성어의 개념을 규정하기 위한 기준을 검토하고 한국의 연구자들이 여성어를 어떠한 개념으로 여성의 대상어와 발화어를 사용하고 있는지 검토하고 있다.

민현식(1995)은 '여성대상어'와 '여성발화어'로 나누어 그 특성을 논하고 있는데, 남녀 대상어의 분류는 다음과 같이 나누고 있다.

(1) 절대여성어: 여성에 대해서만 쓰이는 어휘
    예) 미인, 홍일점, 정숙하다, 아리땁다, 시집가다.
(2) 상대여성어: 남성보다 여성에 대해서 더 쓰이는 어휘
    예) 화장(품), 얌전하다, 알뜰하다, 차분하다.
(3) 통성어: 남녀 두루 비슷하게 쓰이는 어휘
    예) 佳人, 扮裝, 침착하다, 괄괄하다, 결혼하다.
(4) 상대남성어: 여성보다 남성에 대해서 더 쓰이는 어휘
    예) 나그네, 늠름하다, 씩씩하다, 우락부락하다.

---

28) 사회언어학은 1960년대 초 미국에서 시작되었으며, 언어 소재를 실증적으로 수집하고 분석하는 연구방법이다. 사회언어학에서는 계층, 세대, 성별 차이에 따른 언어변이를 연구 소재로 다루어 왔다. 그러한 맥락에서 성별어 또는 성별방언(sex dialect, genderlect)에 대한 연구 업적이 지속적으로 나타나고 있다.

29) 대상어의 연구는 여성 대상의 지칭어와 여성 대상의 전반적인 표현을 다루는 것을 말한다.

30) 여성발화어는 여성이 발화하는 언어를 가리킨다.

(5) 절대남성어: 남성에 대해서만 쓰이는 어휘
　　예) 美男, 신사답다, 점잖다, 장가가다.

　여성 대상어는 지칭어(일반, 직업성, 품행성, 외모성), 관련어(생애, 결혼, 출산, 놀이, 가사, 용품), 묘사어(외모, 성품, 행동)로 나누고, 여성 발화어의 특징을 음운적 특성, 문법적 특성, 어휘적 특성으로 나누고 있다.

　여성 지칭에 대한 역사적 고찰로는 유창돈(1966)의 연구를 들 수 있다. 이 연구는 중세 한국어 이래의 여성 지칭어를 일반 여성어, 族稱 중의 여성어, 특수 여성어, 여성관련 금기어로 나누어 고찰하였다. 특히 여성대상어 중에서 '갓나이, 계집, 녀편'은 조선 초기에는 차별어가 아니었으나, 점차 卑語로 전락하게 된다고 한다. 이와 같은 현상은 이조사회의 유교사상의 영향으로 점차 여성의 지위가 하향 곡선을 타는 것을 말해 주는 좋은 예라 할 수 있겠다.

　서정범(1969)은 여성명칭에 대한 연구로, 여성의 지칭어를 대상으로 어휘의 어원을 밝히고 있다. 특히 '가시내, 가시, 갓나희'의 '갓은 고대 존장자를 일컫는 명칭에 쓰이던 것이 여자에게 쓰이게 된 것으로서 모계사회의 일면을 보여준다고 한다.

　이석규·김선희(1992)에서는 비교적 본격적으로 여성지칭어에 대한 연구가 이루어진다.

(1) 남성이나 여성을 지칭하는 낱말의 쓰임은 남성중심으로 되어 있다.
　　예) 자식, 형제
(2) 남성을 지칭하는 말이 남녀 모두를 포함한다.
　　예) 소년동아일보, 소년중앙

(3) 남성형이 앞에 오고 여성형이 뒤따른다.

　예) 소년소녀가장, 소년소녀문고, 남녀문제, 자녀교육

(4) 속어나 비어 등 부정적인 표현에서는 여성형이 앞선다.

　예) (개 같은/나쁜/몹쓸) 년놈들

　위의 예에서 알 수 있는 바와 같이 일반적인 어휘에서는 남성형이 여성형을 포괄하거나 남성형이 앞에 오고 여성형이 뒤따르는 데 속어나 비어 등 부정적인 언어에서는 여성형이 앞서는 것으로 나타나 남성이나 여성을 지칭하는 말에는 남성우월주의가 바탕이 되어 있음을 알 수 있다.

　김진우(1985)에서는 경멸적인 어휘로 여성을 지칭하는 말도 많다는 것을 지적하고 있다. (예: 갈보, 걸레, 메주, 절구통, 화냥년 등)

　구현정(1995 a, b)에서는 남-, 여- 접두사가 붙는 현상을 유표와 무표의 개념[31]으로 해석하여 어휘를 분류하고, 이와 같은 어휘의 불평등 현상을 남녀차별의 관점에서 논하고 있다. 또한 남성형, 여성형 어휘를 남성중심어, 여성중심어, 남녀평등어, 남성전용어, 여성전용어의 다섯 가지 유형으로 분류하고 있다.

　(1)남성중심어: 무표항이 남성형이고 여성형은 유표항인 어휘. 한자숙어 가운데 여성형이 유표적으로 나타나는 어휘들과 순서에서 '남-'이 앞서는 어휘들

　　예) 간첩/여간첩/*남간첩, 기자/여기자/*남기자, 여신/*남신

---

31) 마리나야겔로(Marina Yaguello: 1978) 『언어와 여성』에서 처음 출현한 용어로서 남성의 어휘를 무표, 여성의 어휘를 유표로 나타낸다.

(2) 여성중심어: 무표항이 여성어이고 남성형이 유표항인 어휘, 한자숙어 가운데 남성형이 유표적으로 나타나는 어휘들

  예) 창/남창/*여창, 첩/남첩/*여첩

(3) 남녀평등어: 남성형, 여성형이 모두 유표항으로 대등한 어휘

  예) 남성/여성, 남동생/여동생, 남선생/여선생

(4) 남성전용어: 독립된 일반항이 없고 남성형만 유표적으로 만든 어휘, 한자숙어 가운데 남성형만 나타나는 어휘들

  예) 남정네/*여정네, 남근숭배/*여근숭배

(5)여성전용어: 독립된 일반항이 없고 여성만 유표적으로 만든 어휘. 한자숙어 가운데 여성형만 나타나는 어휘들

  예) 여급/*남급, 여권신장/*남권신장

김창섭(1999)은 1930년대에 간행된 『큰사전』과 1980년대에 간행된 『우리말 큰 사전』의 인성명사를 중심으로 50여 년간의 여성의 사회적 위치변화를 조사하였는데, 여기자와 같은 여성항 편재형 비율이 줄고, 남동생, 여동생과 같은 남, 여성항 균형형이 늘어난 것을 연구 결과로 보고하고 있다. 이는 이와 같은 어휘체계상의 변화가 여성의 지위변화와 관계가 있다고 본 것에 의의가 있다고 할 수 있다.

여성대상표현어 연구에는 여성에 관한 속담을 통해 여성의 위상과 전통적인 여성관을 다룬 김종택(1978)의 논문이 있다. '여자가, 계집이'로 시작되는 속담들은 한결같이 여성을 비하하고 있으며, 여성은 요사스러운 것, 재수 없는 것, 불길한 것, 변덕스러운 것 등으로 나타나며 가부장의 지배와 보호의 대상이며 주체적인 역량이

결여된 존재로 파악되고 있다.

임홍빈(1993)에서는 여성의 신체나 태도의 특징, 일과 행동에 관계되는 표현들을 대상으로 하고 있다. 한국어에서의 여성에 대한 표현은 여성의 신체나 태도, 성품, 행동에 관련된 것이 많고, 여성의 일에 대한 것은 적다는 점을 지적한다. 그 까닭은 여성의 생활 영역이 가정에 국한되고 남성에 의존적이라는 점에서 해석하고 있다.

강주헌(1995)은 「우리말에 나타나는 성차별 구조」라는 부제를 통해 여성의 차별에 대한 대중 문화적 접근을 시도하고 있다. 우리말의 호칭어와 지칭어, 한자, 속담, 민요, 대중가요속의 남녀 차별을 관찰하여 단행본으로 출판하였다.

전혜영(1999)에서는 속담에 나타나는 여성지칭어를 중심으로 그 은유방식을 살펴봄으로써 여성의 사회적 위치에 대해 밝히고 있다.

차현실(1999)에서는 광고 중심으로 [+여성] 어휘에 반영된 우리 사회의 여성에 대한 에토스[32]를 살펴보고 있는데 이를 통해 역시 여성과 물건의 동일화나 여성 육체의 감각화를 볼 수 있다. 한편 전통사회가 세운 여성성과 정반대 방향으로 변형되어 사회적 저항을 표출하는 광고에서는 저항적인 여성상을 보이고 있다. 그 예는 다음과 같다.

---

32) 일반적으로 민족적·사회적인 관습을 말하며 아리스토텔레스에 의하여 이 말에 중요한 철학적 개념이 주어졌다.
   인간이 가지는 가능성이나 능력은 항상 상반하는 방향을 내포하고 있으나 동일한 행위를 반복함으로써 한 방향으로만 지향하는 습관이 양성된다. 이 습관이 에토스이며 이 에토스에 의하여 영혼의 선악의 성격도 자란다. 에토스는 지속적인 특성을 가지고 있어 일시적인 특성을 가진 파토스(pathos: 情意 또는 激情)와 대립된다.

저요? 제멋대로죠 뭐./ 떠나고 싶으면 떠나고, 쉬고 싶으면 쉬지요…… 자유
로운 거/그게 바로 나예요
차가운 지성으로/ 뜨거운 감성으로/자신 있게 사는 여자

위와 같은 저항적 여성상은 여성의 사회참여의 전문성에 대한
긍정적인 평가라는 점에서 여성에 대한 사회적 인식의 변화과정을
볼 수 있다. 그리고 어휘의 상징질서를 통해 여성의 사회적 위치
를 검증하였는데, 대체적으로 '여성은 수동적, 상대적, 성적, 유혹
적, 소극적, 소아적'이고 남성은 '주체적, 능동적, 적극적, 불변적, 대
아적'으로 나타난다고 한다.

여성의 발화어의 초기연구는 여성의 발화가 남성의 발화와 어떤
차이가 있는가에 초점을 두었으나 1970년대 이후 여성에 대한 인
식이 바뀌면서 여성의 발화 속에 담긴 성차별 문제를 논하게 된다.
발화어는 앞에서 언급한 바와 같이 음운적 특징, 어휘적 특징, 통
사적 특징, 화용적 특징으로 분류할 수 있다.

장태진(1969)은 여성어의 음성적, 문법적 특징을 다루고 있으며,
여성 집단을 일반 방언 집단, 궁녀집단, 해녀집단, 여학생집단, 기
생집단, 창녀집단으로 나누고 그 집단에서 사용되는 속어들의 용례
를 소개하고 있다.

음운적 특징에 대해서는 이석규, 김선희(1992)의 연구가 있다. 여
성어의 음운적 특징은 첫째, 여성은 남성보다 경음을 더 많이 사용
하며(예: 작다 - 짝다, 조금 - 쪼금/쪼끔), 둘째, 여성어에서는 'ㄹ 첨
가' 현상(예: 요거로 - 요걸로, 안 오려다가, - 안 올래다가)이 많이
나타난다고 지적하고 있다. 그러나 이와 같은 현상은 단순히 여성
과 남성의 발화의 차이로 인정할 수밖에 없는 것이라고 생각된다.

여성의 음운적 특징으로는 억양에 특징을 보이고(임홍빈: 1993, 민현식: 1995) 표준 발음(민현식: 1995) 을 지향한다는 것이다. 억양과 표준발음의 현상은 레이코프(Rakoff: 1975)의 지적과 일치하고 있어 서구와 한국의 사정이 흡사함을 알 수 있다.

어휘적 특징으로는 이용주(1970)의 「남녀대학생의 언어 연상에 관한 비교연구」가 있다. 이 논문은 형용사와 색채어를 중심으로 남녀 공학 대학생 각 20명을 대상으로 자극어를 주고 반응어를 적게 한 후 통계 조사한 것이다.

남학생은 여학생보다 체언, 감탄사가 많고 여학생은 남학생보다 용언류가 우세하다고 한다. 남학생의 반응어에는 사회성, 자존심, 포부 관련어가 많으나 여학생은 애증호악, 미추, 애수 관련어가 많다. 색채어에서는 남학생이 여학생보다 구체어 연상이 많고 여학생은 추상어 연상이 많은 것으로 나타났다.

민현식(1995)에서는 남녀 초, 중, 고, 대학생에게 기호어와 혐오어를 조사하였는데, 여성의 경우 기호어로는 엄마, 혐오어로는 뚱뚱하다, 못생겼다, 성폭행 등이 나타났고, 남성의 경우, 기호어로는 운동 관련어가 많고 혐오어로는 차별, 지옥, 저주 등으로 나타났다. 이 연구에서는 남녀의 언어 심리의 차이를 엿볼 수 있다.

통사적 연구는 여성이 사용하는 말과 남성이 사용하는 말이 문법적인 차이가 있는가에 대한 연구로서 문법적인 특징에 관한 연구는 이능우(1971)가 선구적이라 할 수 있다. 그는 이광수, 김동인, 이효석의 작품에 등장하는 여성들의 대화를 중심으로 여성어의 문법적 특징을 '어미, 대명사, 감탄어구'로 나누어 그 형태적 특징을 제시하고 있다. 여성이 주로 사용하는 어미로서 '-세요, -서요,

셔요, -어요, -예요, -야요, -지요, -요'가 있으며 반말어미로
서 '-으우? -쓰우?, -우?, -ㄴ다우?' 등의 반말 의문어미를 들
고 있다.

강정희(1896)에서는 '-(는)거 있지(죠)'가 발화상 여성이 자주
쓰는 어법임을 설문통계조사로 입증하였다.

신현숙(1994)에서는 남녀 시인의 시에서 종결어미를 분석하였는
데, 남녀 시인 모두 '-ㄴ다가 가장 많고, 여성 시인의 명령 어법
으로서는 '-소서, -으로, -에, -누나/노나'가 있고, 남성시인은
'-ㄹ까, -냐, -어, -랴를 많이 사용하고 있다고 한다. 이와 같
은 차이는 한국사회에서의 남성 시인과 여성 시인의 지위와 힘이
다른 것에서 비롯된다고 해석하고 있다.

김선희(1991)는 소설과 TV 프로를 자료로 여성어법을 처음 다루
고 여성어 표현의 특징을 간접적 표현, 감정이입 표현, 유표적 표
현으로 나누어 설명하고 있다. 간접적 표현으로는 부가의문문과 모
호한 표현, 공손표지의 쓰임이 있으며 감정이입의 표현으로는 확인
과 동의요청, 가족적 호칭과 어법의 쓰임, 상대방의 말에 대한 화
자의 반문을 나타낼 때 여성은 긍정적 반응을 나타낸다고 한다.
유표적 표현으로는 강조법과 상승어조법의 특징을 들 수 있다.

임홍빈(1993)에서는 여성은 '-요, -는가요 -나요, -어, -우'
등의 어미를 주로 사용하고 있으며. 음성적 특징 및 억양이나 음
조의 측면에서는 평서문에서 남성은 짧고 급한 하강조이며, 여성은
상승조를 나타내고 있다고 서술하고 있다. 그 이외에 남성과 여성
의 어휘사용상의 차이, 여성에 대한 표현 어휘 등에 대한 성 차이
에 대한 연구를 보여주고 있다.

민현식(2003)에서는 여성어를 (1) 다변성, (2) 협동적 대화 (3) 맞장구치기 (4) 애매어법 (5) 찬사 (6) 공손법으로 나누어 설명하고 있으며, 이와 같은 논의는 여성어의 화용적 특징에 대해 종합적으로 정리해 주고 있다는 면에 의의가 있다.

이춘아·김이선(1996)은 성차별어의 영역만을 다룬 종합적인 연구로서, 여성 집단의 인터뷰와 공적 담론을 통해 여성 차별적 언어사용 실태를 말과 글의 두 영역에서 조사하고 성차별적 언어의 개선을 위한 지침을 연구 결과로 다루고 있다.

한국어의 1990년대의 젠더 연구는 그 이전의 연구가 단편적이었던 점과는 달리 좀 더 구체적이고 체계적인 여성어의 특징을 정리 연구하고 있다. 또한 단순히 남녀 언어의 객관적 차이(difference)를 기술하려는 성차이어 연구에서 점차 남녀 차별, 남존여비의 사회 구조에서 비롯된 언어적 성차별(discrimination) 현상을 연구하려는 성차별어 연구로 발전되어 가는 양상33)을 보이고 있다고 할 수 있겠다.

전혜영(2002)은 『국어 여성어 연구사』의 결론에서 그간의 성과를 통해 한국어가 가지고 있는 여성어의 특징이 어느 정도 밝혀졌으므로 이제 서구의 여성어 연구결과를 수용하는 수준에서 한국어의 특징적 양상을 밝혀 나가는 단계로 나아가야 할 것이며 그러기 위해서는 남녀 언어의 차이에 대한 고정관념을 벗어나 구체적인 담화 상황에 따라 어떻게 다른지 조사함으로써 실증적인 검증이 이루어질 수 있도록 해야 할 것이라고 지적하고 있다.

---

33) 최근에 발표된 논문, 홍순성·암갑랑(1996), 황성철(1997), 우혜정(1997), 최혜정(1998) 등에서는 성차별 문제, 성차별 의식에 대한 연구가 이루어지고 있는 현상이다.

<표3 - 1> 한국어 젠더표현의 선행연구의 분류

연구 분야	연구자 성명34)
연구사	민현식, 박창원, 전혜영
어휘적 연구	김선희 · 이석규, 강주헌, 구현정 김종택, 김진우, 김창섭, 민현식, 서정범, 유창돈, 이용주, 전혜영
음성적 연구	김선희 · 이석규, 임홍빈, 민현식, 장태진
통사적 연구	강정희, 김선희, 신현숙, 임홍빈
화용론적 연구	민현식
사회언어학적 연구	민현식, 차현실
페미니즘적 연구	이춘아 · 김희선

　　종래의 제 학자들의 연구 결과를 그 특징에 따라 <표3 - 1>과 같이 분류해 보았다. 위의 표에서 나타나는 바와 같이 한국어의 젠더 표현에 관한 다양한 선행연구들은 어휘적 연구, 즉 여성대상어, 여성지칭어, 차별어 등을 중심으로 하고 있다.

3.2. 일본어의 선행연구

　　일본어의 젠더표현을 다룬 연구의 특징을 크게 분류하면 다음과 같다.

　　첫째, 젠더연구사
　　둘째, 어휘적 연구
　　셋째, 음성적 연구

---

34) 연구자 성명은 가나다 순서로 기술하였다.

넷째, 통사적 연구

다섯째, 화용론적 연구

여섯째, 언어사회학적 연구

일곱째, 페미니즘적 연구

일본의 젠더연구는 일찍이 女房詞,[35] 遊女語[36] 등을 대상으로 한 통시적인 연구가 존재해 왔다. 그들의 대부분은 표현의 분류, 분석을 목적으로 하는 것이어서 언어를 사회의 성차별과 결부시킬 의도는 없었던 것 같다. 따라서 여성의 균질한 언어 행동을 단정하고 규범에 비추어 비판하는 경향이 강했으며, 생물학적으로 결정된 이항 대립적인 젠더관을 갖고 있었다.

일본어에서 여성차별의식을 연구 대상으로 하게 된 것은 1980년대 이후부터라고 할 수 있겠다. 이때부터 여성 차별문제나 여성의

---

35) 뇨보고토바는 무로마치(室町)시대 초엽, 궁녀들이 주로 의식주에 관한 사물에 대하여 궁중에서 썼던 은어적인 말『廣辭苑』(1982) 岩波書店 p.1707.
   뇨보고토바가 만들어진 몇 가지의 유형을 살펴보면 다음과 같다.
   ① 본래의 말에 경의를 나타내는 'お'를 붙인다. 'み'를 삽입하는 경우도 있다.
   いも(감자) → おいも, あし(다리) → おみあし
   ② 본래의 말을 단축한다.
   まんじゅう(만두) → まん, まつたけ(송이버섯) → まつ
   ③ 본래의 말의 일부에 'もじ'를 붙인다.
   かみ(머리카락) → かもじ, むぎ(보리) → むもじ
   ④ 본래의 말에서 연상한 말에 'もの'를 붙인다.
   うどん(우동) → おながもの(긴 것), しお(소금) → 白物(하얀 것)
   ⑤ 색체, 형태, 성질 등의 특징을 말함.
   いわし(정어리) → むらさき(보라색), あずき(팥) → あか(빨강색)
   ⑥ 본래의 말의 일부나 연상에 의한 말을 반복한다,
   するめ(오징어) → するする, にぎやか(번화함) → にぎにぎ
   ⑦ 한어를 피한다.
   火事 → あかごと, 金子(돈) → こがね
   <엔도(遠藤織枝: 1997)『女のことばの文化史』pp.56~58 참조>
36) 유녀어(遊女語)는 유곽의 여성들이 사용하던 언어로서 江戸(에도)시대에 吉原(요시하라), 島原(시마바라) 등의 유녀들이 만들어 사용했던 말이다.

사회 진출이 활성화되었으며, 또한 미국 여성어의 영향을 받아서 여성차별과 언어에 관련된 연구가 급증하였다. 일본에서의 연구는 각 분야에 걸쳐 현재까지 심도 있게 진행되어 오고 있으며 그러한 연구 업적들이 양적으로나 질적으로 큰 성과를 보여주고 있다.

일본어에서 일찍이 여성어 연구에 주목하기 시작한 연구자는 기쿠자와(菊澤季生: 1929)이다. 그는 「부인말의 특징에 대하여」에서 여성어에 관한 논문을 발표하고 후에 『國語位相論』에서 좀 더 상세한 고찰을 덧붙였다. 이 논문에서 기쿠자와는 위상어로서 터부어(taboo: 忌詞), 상인어, 학자어 등을 취급하고 그중의 한 분야로 女房詞와 遊女語를 들고 있다.

마시타(眞下三郎)와 스기모토(杉本つとむ)는 1950년 전후부터 1960년대에 걸쳐서 개설적인 관점에서 여성어에 대해 논하고 있다.

마시타(眞下三郎: 1948)에서는 부인어의 의식, 부인어의 위상, 부인어의 문제의 3부로 나누어 여성어를 개괄적으로 살피고 있다. 이 연구는 여성어에 관하여 쓰인 최초의 정리된 문헌으로서 연구 사상 중요한 의미를 갖는다.

또한 『女性語辭典』(1967)에서 여성어 어휘 약 4000어를 수록하고 있으며, 권말에 게재되어 있는 「女性語について」의 논문에서는 '女房詞, 尼門跡語,[37] 遊女語, 大和語[38]' 등의 개설을 덧붙였다.

---

37) 중세 이래, 황족이나 지체가 높은 집안의 출신으로 사원에 들어가 사원의 주인이 되는 여성이 있었다. 그와 같은 사람을 尼門跡라 부르고 그들이 사용하는 특수한 표현을 尼門跡語라 한다. 이 여성들의 언어는 뇨보고토바에 상당히 가까운 말이었다.
   그러나 특히 門跡寺 <황족이나 公卿의 가문의 여성> 특유의 표현도 적지 않았는데 예를 들면 사람에게 예를 표할 때는 'かたじけのう', '실례합니다'는 'おゆるしあそばせ' 등으로 표현했다고 한다.

38) 大和語는 和語 가운데, 주로 노래로 읊어진 歌語나 이야기 <物語: 모노기다리> 종의 雅語를 말한다.

스기모토(杉本つとむ: 1956)에서는 女房詞가 어떻게 발생되었고, 에도(江戶) 말기까지 어떻게 변천하였는가에 대한 연구를 하였다. 이것은 여성어 변천에 관한 선구적 연구가 되었다.

이상의 연구는 모두 남성 연구자들에 의해 이루어졌으며, 단순히 남성어, 여성어의 차이를 보여주는 연구로서, '왜, 남성과 여성의 언어사용은 다른 것인가' '남성과 여성의 언어사용이 다를 필요가 있는 것인가' 등의 근본적 문제에 대한 시점을 갖고 있지 못하였다.

일본어의 젠더연구는 1954년 잡지 ≪言語生活≫ 28호가 여성어 특집을 엮은 것을 계기로 서서히 왕성해지기 시작한다. ≪言語生活≫은 그 후 65호에서 '女性語の言語生活'을 특집으로 다루고 있으나, 이 당시의 여성어 연구는 아직 그 현상을 기술하는 데 머물러 있고 다채로운 연구는 아직 행하여지지 못하였다.

1970년대에 들어서면서 1973년 레이코프(Robin Lakoff: 1973)의 영향으로 일본에서도 비로소 '여성의 시점'으로 일본어를 분석하기에 이르렀다.

1970년에 이르러서는 주가쿠(壽岳章子: 1979)의 연구 업적이 주목할 만하다. 주가쿠는 이항대립적인 언어적 성차를 부정하는 연구를 발표했는데, 이 연구에서는 같은 여자라도 '보통 때와 격식 차릴 때'에 다른 언어사용을 할 수 있으며 여성의 언어행동은 다양하게 다를 뿐 아니라, 여성도 여러 가지 요인을 고려하여 능동적으로 언어행동을 행하고 있는 것을 제시하고 있다. 주가쿠는 사회가 여성에게 압력을 가하고 있는 언어규범, 언어적 스테레오타입, 여성의 규범적 행동을 규정하는 언어습관을 분석하고 있다.

1980년대에는 엔도(遠藤織枝)와 이데(井出祥子)의 업적이 주목된다.

엔도는 현대일본어 연구회의 잡지 ≪ことば≫를 중심으로 남녀관계의 어휘기술을 비판하는 연구, 여성의 호칭에 관한 조사 분석 등 일본어의 차별표현에 관한 포괄적인 연구하였다. 특히 주목할 만한 것은 남편을 '주인'으로 부르는 것을 'つれあい: 배우자' '파트너' 등의 표현으로 바꾸자는 제안도 있었다. 특히 엔도를 포함한 현대일본어연구회 그룹에 의한 이들의 연구 성과는 중요한 업적을 이루고 있다.

이데(1979, 1982, 1986)는 사회언어학적인 관점에서 여성어를 연구했다. 그 결과 여성은 경어나 정중어를 주로 사용하고 남성은 감탄사나 도치표현을 많이 쓰고 있으며, 여성은 남성보다 담화 중에 맞장구를 잘 친다고 언급하고 있다.

사사키(佐々木瑞枝: 2003)는 저서 『女と男の日本語辞典 上・下』를 통해서 남, 여의 대상어를 중심으로 한 어휘를 연구하였다. 통시적인 역사의 흐름 속에서 남녀의 차별 구조를 언급하면서 공시적으로 현재 사회 속에서 일본어의 남녀의 차이의 뉘앙스를 구별하고 있다.

또 한 분야로는 나카무라(中村桃子: 2000), 레이놀즈(レイノルズ・秋葉かつえ: 2001), 아베(阿部圭子: 2001)를 중심으로 페미니즘 측면에서의 연구가 있다. 나카무라는 일본에서의 언어와 젠더 연구는 페미니즘과 거의 관계없이 발전되어 왔고, 언어와 사회구조의 밀접한 관계가 널리 인식되고 있는 현재 사회에 있어서 젠더의 권력 구조에 관한 고찰 없이 언어 연구로 도망가는 것은 언어와

젠더의 중요한 관계를 놓치게 된다고 서술하고 있다.

1993년에 출간된 임시증간호 ≪日本語學≫에서는 세계의 여성어, 일본의 여성어, 페미니즘과 여성어 연구, 일본의 여성어 연구사 등을 다루고 있다. 이는 90년대의 활발한 젠더 연구를 반영하고 있다고 생각된다.

최근의 경향으로는 전통적으로 '남성어·여성어'라고 인식되어 왔던 인칭어, 종조사, 미화어 등의 언어형식뿐만 아니라 단정을 피하거나, 강조가 많은 언어 표현의 특징이나 話題 제공을 적극적으로 하거나, 하는 등의 발화 행동의 경향 등 언어 행동에 관한 모든 요소가 분석의 대상이 되고 있다.

일본어의 젠더표현은 '발화자의 성별을 시사하는 발화의 특징'이라고 정의할 수 있고, 일정의 범위가 확정되어 있는 것은 아니다. 또한 현대어에서의 '남성어'와 '여성어'는 이항 대립으로 명쾌히 나눌 수 없는 것에 착안하여, 나카지마(中島悅子: 1996)는 의문 표현을 '여성적', '중립적', '남성적'의 3종으로 분류하고 있다.[39] 다카자키(高崎みどり: 1996)는 '여성 전용', '여성 다용', '성별에 관계없이 사용', '여성이 별로 사용하지 않음', '여성이 거의 사용하지 않음'의 5단계로 분류하고 있다.[40]

인칭어의 연구 분야에서는 고바야시(小林美惠子: 1990, 1991, 1999), 가네마루(金丸芙美: 1993), 오치아이(落合惠子: 2001) 등을 들 수 있다.

---

39) 나카지마(中島悅子: 1996)「文末の言語形式 ― 疑問表現における丁寧の要因 ―」『ことば』17号 現代日本語研究會 pp.59~82.
40) 다카자키(高崎みどり: 1996)「テレビと女性語」『日本語學』pp.46~56.

문말 표현의 연구 분야에서는 오자키(尾崎喜光: 1997, 1999), 가와나리(川成美香: 1993), 나카지마(中島悅子: 1994, 1996), 오고시(生越眞理子: 1995), 미야지(宮地裕: 1995) 등의 연구를 들 수 있다. 문말표현의 연구에서는 종조사를 중심으로 젠더표현을 연구하는 부분이 많으며, 의뢰 표현 등의 언어행동에 관한 연구도 점차 늘고 있는 현상이다.

음성적 연구로는 오오하라(大原由美子: 1993)의 연구를 들 수 있다. 오오하라는 여성어의 피치(pitch)[41]에 대해서 영어와 일본어를 대조하고 있다. 결론적으로 일본인 여성은 일본어를 말할 때 영어로 말할 때와 비교해 보면 남성보다 높은 소리를 사용하고 있다고 한다.

화용론적 연구로는 스즈키(鈴木睦: 1993)와 가와자키(川崎晶子: 1997)의 연구를 들 수 있다. 스즈키는 여성어의 발화행위의 시점을 기준으로 여성적 발화와 남성적 발화에 대해서 언급하고 있다. 가와자키는 담화(discourse)라는 상호행위를 통해서 여성은 여성의 대표로서 남성은 남성의 대표로서 자기를 카테고리화한다고 하며, 화자와 청자의 관계도 이 성별카테고리를 통해서 그때마다 구축되는 것이라고 말하고 있다.

2000년대에 들어서는 ≪言語≫, ≪日本語學≫ 등의 일본어학 잡지에서 「언어의 젠더 스터디」 「젠더로 본 일본어」라는 타이틀로

---

41) 일반적으로 '소리가 높다'라는 것은 '피치가 높다'는 것과 같은 의미로 취급되지만 위의 논문에서 피치가 높다는 것은 청각적으로 인식되는 음의 높이이다. 평균적으로 남성은 후두가 크고 후두에 내장되어 있는 성대도 길다. 긴 성대는 짧은 성대에 비교해서 천천히 진동하기 때문에 기본 주파수가 낮고 그 때문에 피치가 낮은 것이다. 역으로 여성의 성대는 짧기 때문에 빨리 진동한다. 따라서 여성의 소리는 피치가 높은 것이다.

'여성어'라는 용어보다는 '젠더'라는 용어를 본격적으로 사용하며 다양한 연구가 이루어지고 있다는 것을 알 수 있다.

나카무라(中村桃子: 2001)는 금후의 일본어와 젠더연구에 바라는 것에 대해 두 가지의 의견을 제시하고 있다.[42]

첫째는 일본 어학과의 교류

둘째는 페미니즘 이론, 특히 일본의 페미니즘이론에서 적극적으로 배울 필요가 있다.

이전에는 일본 어학은 언어와 성차별의 문제를 중심으로 취급하고, 영어 연구를 기초로 한 분야에서는 언어 행동의 분석이 이루어지는 경향이 있었다. 그러나 근년에는 일본 어학의 분야에서도 여러 가지 연령, 지역, 언어사용에 관한 실증적인 연구가 활발히 이루어지고 양자가 교류하는 공통기반이 형성되고 있다. 더욱이 젠더의 역사적 구축의 중요성이 인식되고 있는 현재 일본 어학에 있어서 연구의 축적은 바람직한 일이라고 생각한다. 그리고 일본에서의 언어와 젠더연구는 페미니즘과 거의 관계없이 발전되어 왔다. 그러나 언어와 사회구조의 밀접한 관계가 널리 인식되고 있는 현재 사회에 있어서 젠더의 권력구조에 관한 고찰 없이 언어 연구로 이행하는 것은 언어와 젠더의 중요한 관계를 놓치게 된다고 사려된다.

---

42) 나카무라(中村桃子: 2001)『ことばとジェンダー』有信堂 pp.12~13.

<표3-2> 일본어 젠더표현의 선행연구의 분류

연구 분야	연구자 성명43)
연구사	데라다, 주가쿠
어휘적 연구	가네마루, 고바야시, 기쿠자와, 마시타, 사사키, 스기모토, 엔도, 오치아이
음성적 연구	오오하라
통사적 연구	가와나리, 나카지마, 미야지, 오고시, 오자키
화용론적 연구	스즈키, 가와자키
사회언어학적 연구	이데, 주가쿠
페미니즘적 연구	나카무라, 레이놀즈, 아베

종래의 제 학자들의 연구 결과를 그 특징에 따라 <표3-2>와 같이 분류해 보았다. 위의 표에서 나타나는 바와 같이 일본어의 젠더 표현에 관한 다양한 선행연구들은 어휘적 연구, 사회언어학적 연구, 통사적 연구 페미니즘적 연구 등을 중심으로 하고 있다.

이상과 같이 한국어와 일본어의 젠더 표현의 선행연구를 살펴보았다. <표3-1>과 <표3-2>에서 정리한 것을 대조하여 보면 한국어와 일본어의 선행연구는 어휘적 연구가 비중을 많이 차지하고 있으며 그 다음으로 통사적 연구가 많이 이루어지고 있다. 화용론적 연구와 사회언어학적 연구도 한국어와 일본어에서 거의 동일하게 연구되고 있다고 할 수 있겠다. 그러나 페미니즘적 연구에서는 한국어에서보다 일본어에서 활발히 연구가 진행되고 있는 것을 알 수 있다.

---

43) 연구자의 성명은 가나다 순서로 기술하였다.

제4장

인칭대명사의 젠더

문법 범주로서의 대명사에는 인칭대명사와 지시대명사가 포함된다. 그중 지시대명사는 지시대상의 직위, 이름, 신분관계 등으로써 지시 대상을 직접적으로 표시하거나 직접표현으로 부르기도 한다. 한편 인칭대명사는 사람을 가리키는 말로 화자를 1인칭으로 청자를 2인칭으로 그리고 그 이외의 제3자를 3인칭으로 나타낸다.

제4장에서는 한국어와 일본어의 인칭대명사를 대상으로 살펴보고자 한다. 한국어에서는 인칭대명사의 젠더는 거의 나타나지 않으나 일본어에서는 인칭대명사의 젠더가 확연히 구분된다. 이러한 점에 착안하여 대조 분석해 보고자 한다.

한국어와 일본어의 인칭대명사는 구미의 언어들과 비교하여 볼 때 그 의미기능이 문법적 사실이라기보다는 어휘적 사실이라고 볼 수 있다. 한·일 양 언어의 경우에는 인칭대명사가 달라짐에 따라서 술어인 동사나 형용사가 그 어형을 바꾸지 않는다는 특징이 있다. 뿐만 아니라 담화에 있어서 인칭대명사의 선택과 사용이 화자와 청자의 대우의식에 따라 결정된다. 이와 같은 특징은 한국어와 일본어의 인칭대명사의 유사성이라고 말할 수 있다. 또한 서양의 언어들에 비하여 인칭을 나타내는 어휘의 수가 다양하다. 역사적으로 인칭 어휘체계가 복잡한 것도 그 유사성으로 지적할 수 있다.

한국어와 일본어의 인칭대명사의 상이점도 다음과 같이 나타난다.
첫째, 인칭대명사의 어휘 수는 한국어보다 일본어에서 많은 것으로 나타난다. 한국어의 1인칭대명사는 복수형을 포함해서 '나, 우리, 저, 저희'의 네 가지이다. 그러나 일본어에서는 31어로 그 수가 월등히 많다. 2인칭대명사의 경우는 한국어는 단수형과 복수형을 합하여 10어인 데 비하여 일본어는 36어로 나타나고 있다. (<표4-3> 참조)

둘째, 한국어에서는 남녀의 성별에 관계없이 모두 '나, 저'라는 인칭대명사를 택한다. 한편 일본어에서는 남녀의 성별에 따라 인칭대명사의 선택이 달라진다. 예를 들면 'わたし'라는 1인칭대명사를 일본어의 1인칭어의 대표형으로 제시하고 있음에도 불구하고 남성은 'わたし'보다는 'ぼく, おれ'를 선택하는 장면이 많고, 'わたし, あたし'는 현대일본어에서는 주로 여성이 선택하는 1인칭대명사로 정착되었다.

2인칭대명사에 있어서도 한국어는 남녀의 성별에 따른 구별이 없으나, 일본어에서는 체계적으로 구분하여 사용하고 있다.

3인칭대명사[44]에서는 한국어와 일본어에서 공통적으로 '그'와 '그녀'를 구분하여 사용한다.

---

44) 한국어의 3인칭대명사에 대해서 이기문(1978)은 다음과 같이 서술하고 있다.
우리나라 작가들은 이 구별이 없으면 불편을 느끼는 모양이지만 이것은 정당한 이유가 못된다. 도대체 일인칭이나 이인칭에 남성형과 여성형의 구별이 없는 것은 불편을 느끼지 않으면서 하필 삼인칭에서만 불편을 느낀다는 점을 냉정히 생각해 볼 필요가 있다. 「국어의 인칭대명사」『관악어문연구』 p.335.

한국어의 대명사는 일차적으로 인칭대명사와 비인칭대명사로 나뉘는데 이는 상황지시성45)을 기준으로 한 것이다. 인칭대명사를 각 인칭으로 나눈 것은 담화상의 역할을 기준으로 한 것이다. 한편 비인칭대명사는 재귀대명사와 부정칭대명사로 나뉜다.

　이하에서 한국어의 인칭대명사의 체계에 대해 살펴보기로 한다.
　최현배(1937/1987)에서는 다음과 같이 분류하고 있다.

<표4-1> 우리말본에 나타난 인칭대명사의 체계46)

높임등분 가리킴			아주 높임	예사 높임	예사 낮춤	아주 낮춤
첫째 가리킴					나	저
둘째 가리킴			어르신, 어른, 당신	당신, 그대	자네	너
셋째 가리킴	잡힘	가까움	당신	이분, 이이, 이	(이 사람)	이 애
		떨어짐	당신	그분, 그이, 그	(그 사람)	그 애
		멂	당신	저분, 저이, 저	(저 사람)	저 애
	안 잡힘		[어느 어른] [아무 어른] [어떤 어른]	어느 분 어떤 분 어느 이	누구 아무	
두루 가리킴			자기, 당신	자기, 다른 분, 다른 이	저 남	저 남

---

45) 이익섭·채완 공저(1999/2003) 『국어문법론강의』 학연사 pp.144~145.
　'상황지시(deixis)'란 화자를 기점으로 하여 화자 자신이나 그 주변의 것을 가리키는 말을 狀況指示素라고 하는데 대명사는 이러한 상황지시적인 기능을 가진 전형적인 부류다. 대명사의 의미적 특성은 크게 대용성과 지시성으로 나눌 수 있다. 이 외에 '인칭성', '존칭성' 등의 많은 특성을 가지고 있다.
46) 최현배(1937/1987) 『우리말본』 정음사 p.230.

<표4 - 2> 현대한국어의 인칭대명사의 체계[47]

인칭구분	대우법특질	대명사	기타특질
1인칭	예사말	나	
	겸사말	저	
2인칭	예사 높임	그대	문어체로 제한됨
		당신, 임자	
	예사말	자네, 너	
3인칭	중립적	이, 그, 저	사람 지시로는 '그'만 사용하게 됨
재귀칭	아주 높임	당신	
	예사말	자기, 저	

　한국어의 인칭대명사를 정리해 보면, 1인칭대명사는 자신을 지칭하는 대명사로서 그 형태는 '나'와 '저'가 있다. 주격조사 '- 가'가 연결될 때 '나'와 '저'로 쓰이며, 관형형으로 쓰일 때는 '내'와 '제'로 바뀐다. '나'는 예사말이며, '저'는 겸사말이다. 또한 '나' 대신 호칭을 사용하는 경우도 많다.

　2인칭대명사는 청자와의 관계, 즉 친소관계, 대우관계에 따라 여러 등급을 선택할 수 있다. 일반적으로 사용되는 것이 '너, 자네, 그대, 당신, 임자'이다. 최현배에서는 '어르신'을 2인칭대명사로 인정하고 있으나 김미형(1995)[48]은 '어르신'을 명사로 취급하고 있다. 2인칭대명사 중에서 현대 한국어의 담화에서는 '너'를 가장 많이 사용하고 있으며, 대우법상의 제약이 따를 경우에는 청자의 호칭, 지칭어, 직위명 등을 대용하고 있는 현상이다.[49]

---

47) 김미형(1995) 『한국어 대명사』 한신문화사 p.93에서 전재.
48) 이익섭/임홍빈(1983)에서는 이미 '어르신'을 명사로 취급하고 있다.
49) 문법적인 인칭의 제약에 관한 논의는 김미형(1995) 『한국어 대명사』 한신문화사 pp.213~237 참조.

일본어의 인칭대명사에 대하여는 '인칭을 나타내는 말' 또는 '인칭어' 등의 용어를 사용한다. 이는 서양의 언어와는 달리 인칭대명사보다 친족명칭, 신분을 나타내는 지위명칭, 직위명이 우선되고 있다는 점이 그 특징이다. 이러한 어휘들이 인칭대명사라는 용어보다 인칭어라는 용어를 택하게 하는 근거가 되고 있다.

하시모토(橋本進吉)[50]는 인칭대명사에 관해서 자칭·대칭·타칭·부정칭으로 나누고 있다.[51] 도키에다(時枝誠記)[52]는 1인칭을 화자(話し手), 2인칭을 청자(聞き手)로 나누고 있다.[53] 화자에는 'わたくし, ぼく'를 청자에는 'あなた, 君'를 설정하고 있다. 야마다(山田孝雄)[54]는 제1칭격(자칭)·제2칭격(타칭)으로 분류하고 있다. 자칭에는 'わたくし, わたし(われ, おれ, 僕)'가 있으며 타칭에는 'あなた, おまえ(きみ)'가 있다.[55]

스즈키(鈴木孝夫: 1973/1998)에서도 인칭어설에 대한 동일한 주장을 하고 있다.[56] <표 4-3>은 현대일본어의 인칭대명사를 분류한 것이다.

---

50) (1882~1945) 일본의 국어학자. 일본어의 역사적 연구에 있어서 개척자라 할 수 있다.
51) 『日本語文法大辭典』(2001) 明治書院 p.917.
52) (1900~1967) 일본의 국어학자. 새로운 언어이론으로서 「언어과정설」을 제창함.
53) 『日本語文法大辭典』(2001) 明治書院 p.917.
54) (1875~1958) 일본의 국어·국문학자. 독자의 문법이론체계에 의거한 문법연구를 하였으며 면밀한 어학적 주석에 의한 국문학연구에 공헌하였음.
55) 『日本語文法大辭典』(2001) 明治書院 p.917.
56) 일본어는 자신을 나타내거나 상대를 지칭할 때 인칭대명사보다는 친족명칭, 지위명칭, 직위명을 나타내는 어휘가 다용되고 있다. 따라서 서구 문법의 기준에 따라 그대로 충실히 일본어에 인칭대명사라는 용어를 도입하게 된다면 일본어의 事實에서 유리된 이질의 문법개념의 직접적 수입에 지나지 않는 것이 명백하다고 생각한다. 따라서 각각을 자칭사, 대칭사, 타칭사로 부르게 되는 것이다.
스즈키(鈴木孝夫: 1973/1998) 『ことばと文化』岩波新書 pp.129~135.

제1인칭	わたくし(ども・たち)・あたくし(ども・たち)・てまえども・わたし(たち)・あたし(たち)・われわれ・われら・ぼく(たち・ら)小生(ら)・自分(たち・ら)・てまえ・こちら・わし(たち・ら)・おれ(たち)・こっち・こちとら・わが輩・あっし(ら)・おいら
제2인칭	あなたさま(がた)・こちらさま・そちらさま・お宅さま・貴殿・貴兄(たち)・大兄・あなた(がた・たち)・貴下・貴君(たち・ら)・おまえさん(たち・ら)・あんた(たち・ら)・君(たち・ら)・お宅(たち・ら)諸君・そちら・そっち・おまえ(たち・ら)・貴様(たち・ら)・おめえ(たち・ら)・てめえ(たち・ら)・うぬ(ら)

제3인칭	근칭	こちらさま・このかた(たち)・こちらさん・このひと(たち)・こちら・これ・こいつ(ら)・こやつ
	중칭	そちらさま・そのかた(たち)・あちらさん・そのひと(たち)・そちら・それ・そいつ(ら)・そやつ(ら)
	원칭	あちらさま・あのかた・あちらさん・あのひと(たち)・あちら・彼(ら)・彼女(たち・ら)・あっち・あれ(ら)・あいつ・あやつ・やつ(ら)

부정칭	どちらさま・どなたさま・どのかた・どなた・どちらさん・どのひと・どちら・だれ・どっち・どいつ

『これからの敬語』(앞으로의 경어)[58]에서는 지금까지의 경어는 구
시대에 발달한 채로 필요 이상 번잡한 점이 있었으므로 앞으로의
경어는 가능한 '平明, 簡潔'하게 사용할 것을 권하고 있다. 자신을
가리키는 말로는 'わたし'를 표준으로 하며 여성의 발음에서는 'あ
たし', 'あたくし'도 인정되지만 남녀 모두 'わたし', 'わたくし'를
표준으로 하며 'ぼく'는 남자 학생의 용어이지만 사회인이 되면
'わたし'를 사용하도록 권장하고 있다. 상대를 나타내는 말은 'あ
なた'를 표준으로 한다. 'きみ', 'おまえ'보다는 'あなた'를 사용하
도록 권하고 있다.

---

57) 『待遇表現』(1980) 文化庁 pp.48~49.

58) 1952년 국어 심의회에서 문부대신에게 건의된 사항으로 일상의 언어생활에 있어서 가장
    친근한 문제인 '경어'를 현대생활에 맞도록 조정한 것.

<표4-4> 『禮法要項』과 『これからの敬語』

예법요항59)	앞으로의 경어
・私: 자칭으로 通常 사용 わたくし: 연장자나 동년배에 사용 わたし: 손아래 사람에게 사용 ・僕: 동년배 남자에 대해 사용 ・我輩, 吾々, 僕: 여자사용불가 ・自分, 手前: 남녀 모두사용 ・おれ, わし: 동료 사이에 사용	・わたし: 표준형으로 사용 ・わたくし: 격식 차린 장면에서 사용 ・あたくし, あたし: 여성들이 주로사용하나, わわたし, わたくし사용을 권고함 ・ぼく: 남자학생의 용어이나, 사회인이 되면 わたし를 사용하도록 권고함 ・自分: わたし의 의미로 사용하는 것은 피할 것을 권고함
・あなたきま: 연장자에게 사용 ・あなた: 동년배에게 대칭으로 사용 ・君: 남자는 손아래 사람에게 사용함 ・をじさま, をばさま: 친밀감이 깃든 표현으로 사용 （おじ, おば의 의미가 아님)	・あなた: 표준형으로 사용 ・貴殿, 貴下: 편지용어로 사용했지만 앞으로 あなた를 사용하기를 권고함 ・きみ: あなた로 사용 ・おまえ: あなた로 사용

위의 <표4-4>에서 알 수 있는 바와 같이 『禮法要項』(1941)과 『これからの敬語』(1952)의 발표 시기는 약 10년의 간격이 있으나 인칭대명사에 대한 내용은 상당한 차이를 보여주고 있다. 일본은 문화 대혁명 시기라고 할 수 있는 메이지 시대에 영어의 'I', 중국 어의 'ウォ'와 같이 1인칭을 'わたくし, わたし'로 통일시키려고 하였다.60) 그러한 의지는 전후 발표된 『これからの敬語』에서 더욱 확연히 나타나고 있다. 그러나 여전히 영어의 'I'를 일본어로 번역 하게 되면 장면에 따라 'わたし, ぼく, おれ, あたし' 등으로 표현 하게 된다.

한편, 인칭대명사의 양적 측면에서 츠지무라(辻村敏樹: 1968)는 上古부터 현대의 문헌에 나타난 1인칭대명사는 51어, 2인칭대명사 는 81어에 이른다고 보고하고 있다. 이와 같이 인칭대명사는 역사

---

59) 『禮法要項』은 쇼와16년(1941)에 文部省이 발표한 예법에 관한 책이다.
60) 시바(司馬遼太郎: 1998)「昭和」という國家』NHK出版 p.195.

적인 변천을 거치면서 신생, 성장, 사멸의 다양한 모습을 보여주고 있다.

인칭대명사의 수가 근세 일본어에서 현대어로 변화되는 과정에서 감소되는 현상에 대한 연구결과도 있다. 고바야시(小林美惠子: 1999)는 신분제도가 존재했던 에도(江戶)시대의 작품에서 나타난 인칭대명사보다 메이지(明治)시대의 소설 작품에 나타난 인칭대명사의 어휘 수가 감소하고 있다고 지적한 바 있다.

이상과 같은 선행연구 결과를 토대로 본고에서는 인칭대명사에 나타난 한국어와 일본어의 젠더표현에 대하여 살펴보고자 한다. 분석 자료의 범위는 현대 한국어와 일본어를 대상으로 하며 1인칭대명사와 2인칭 대명사의 단수형으로 한다.

소설의 대화문 중에서 화자와 청자의 성별, 연령별 사용현상을 중심으로 여성과 남성은 각각 어떤 인칭대명사를 사용하고 있는지 분석한다.

가족관계, 연인관계, 선후배관계, 동년배관계로 나누었으며, 가족관계는 부모·자식관계, 형제관계, 부부관계로 세분화하여 살펴보았다.

이러한 분석 결과 한국어와 일본어는 어떠한 유사점과 상이점을 갖고 있는지 고찰하고자 한다. 그리고 현대 일본어에서 나타나는 '언어의 중성화' 현상에 대해서도 살펴보고자 한다.

용례를 뽑은 한국소설은 다음과 같으며 ( )는 소설 제목의 약칭이다.

(1) 우리들의 일그러진 영웅 1992(우리)
(2) 사랑의 이름으로 1993(사랑 - Ⅰ)

(3) 외딴방 1995(외딴)

(4) 새의 선물 1995(새의)

(5) 사랑의 기쁨 1 1997(사랑 - Ⅱ)

(6) 무소의 뿔처럼 혼자서 가라 1998(무소)

(7) 국화꽃 향기 2000(국화)

(8) 눈물꽃 2001(눈물)

(9) 아버지 2002(아버)

(10) 내 이름은 김삼순2004(내이)

4.1. 한국어의 인칭대명사

4.1.1. 1인칭대명사

4.1.1.1. 나, 저

한국어의 1인칭대명사는 '나' '저'가 있다. 이는 화자와 청자 사이의 신분관계에 따라 비교적 잘 구분된다. 화자의 신분이 청자와 비슷하거나 청자보다 높을 때는 '나'를 사용하고 화자의 신분이 청자보다 낮을 때에는 '저'를 사용한다.

용례의 분석결과, 한국어의 1인칭 대명사는 대표적으로 '나, 저'라는 것을 알 수 있다. 그중에서도 '나'의 사용이 현저하게 많다. 이러한 결과는 점차 포멀한 장면에서도 '저'보다는 '나'를 사용하는 것이 보편화되어 간다는 것을 알 수 있다.

<표4-5>는 한국어 1인칭대명사의 용례 수와 비율을 나타낸 것이다.

<표4-5> 한국어 1인칭대명사의 용례 수(%)

인칭대명사 성별	나	저
남	246(77.6)	71(22.4)
여	492(84.4)	91(15.6)
합계	738(82.0)	162(18.0)

인간관계에 대한 약칭은 다음과 같이 나타내기로 한다.

아버지 F(Father)   어머니 M(Mother)   딸 D(Daughter)

아들 S(Son)   형, 오빠 Eb(Elder brother)   누나, 언니 Es(Elder sister)

남동생 Yb(Young brother)   여동생 Ys(Young sister)

조부모 Gr(Grand Mother: FeGr, Grand Father: MaGr)

손녀 Gd(Grand Daugther)   손자Gs(Grand son)

고모, 이모 A(Aunt)   남편 H(Husband)   부인 W(Wife)

여자 Fe(Femail)   남자 Ma(Mail)

여자친구 Gf(Girl friend)   남자친구 Bf(Boy friend)

선배 Sn(Senior)   후배 Jn(Junior)   동년배 Fr(Friend)

나이 10대, 20대, 30대, 40대······ → 1, 2, 3, 4······

<보기> 6F → 3D: 60대 아버지 → 30대 딸

2Eb → 2Yb: 20대 형 → 20대 동생

2FeSn → 1FeJn: 20대 여자 선배 → 10대 여자 후배

[1] 가족관계

<1> 부모, 자식관계

(1) 내가 뭘 좀 해 주고 싶구나. (6F → 3D, 무소)

(2) 미안하다. 나는, 느이 삼촌이 너무 어렵다고 하는 게 너무 안
  돼 보여서 ,(5F → 2D, 내이)

(3) 내가 평생 약 수발하게 생겼다 . (5M → 2S, 외딴)

(4) 내가 두 달 동안 잘 먹여갖고 통통하게 맨들어서 장날에 데
  리구 나가 좋은 값에 팔았다. (5M → 1D, 외딴)

(5) 내가 저 단풍 드는 걸 앞으로 몇 번이나 더 볼까 그런 생각
  이 들었던 게다. (6M → 3D, 무소)

(6) 네가 내 딸이기 때문에 그렇지. (5M → 3D, 사랑Ⅰ)

(7) 약간이나마 기대를 한 내가 바보지. (5M → 3S, 내이)

(8) 나도 듣고 있어. (4M → 2D, 아버)

(9) 전 아이를 낳고 싶어요. 아버지 (3D → 6F, 무소)

(10) 난 억울하다는 생각을 했어요. (3D → 6F, 무소)

(11) 아빠, 나 지원이 (2D → 4F, 아버)

(12) 아무튼 난 닭은 못 잡아요. (2S → 5M, 외딴)

(13) 엄마, 나 서울 가지 말고 엄마랑 여기서 살까? (3D → 6M, 무소)

(14) 할머니는 모르시지만 제가 요즘 이야기해 드릴게요. (3Gd
    → 7Gr, 무소)

(15) 난 정말 아빠가 싫어, 미워. (2D → 4M, 아버)

(16) 엄마는 내 엄마가 아니라 증오의 적 이예요 (3D → 5M, 사랑Ⅰ)

(17) 내가 오지 말라고 했어. (2D → 5M, 눈물)

(18) 내가 그걸 어떻게 알아요. (1S → 4M, 눈물)

(19) 나, 이것만은 올해 반드시 절대로, 꼭 해야겠어. (2D → 5M, 내이)

(20) 난 아무래도 아랫동네에 가봐야겠다. (5FeGr → 1Gd, 새의)

(21) 같이 성안에 놀러갔다가 나 먼저 왔어. (1Gd5 → FeGr, 새의)

(1)~(21)은 부모, 자식관계에서의 1인칭대명사의 사용현상을 중심으로 살펴보았다. 한국어에서의 부모, 자식관계에 나타난 인칭대명사는 연령별, 젠더의 큰 변화를 보이고 있지 않다. 부모는 자녀에게 주로 '나'를 사용하는 것이 일반적이며 자녀들도 부모에게 '나'를 사용하는 경우가 거의 대부분이다. (9), (10)에서는 딸이 아버지와 대화를 시작할 때 '저'를 사용하지만 세 번째 발화부터는 '나'를 사용하고 있는 것을 알 수 있다. 따라서 한국어에서는 1인칭대명사의 경우 부모, 자식관계에서는 특별히 젠더를 파악할 수 없다. 단지 '나'와 '저'로 구분하여 예사말과 겸사말로만 사용될 뿐이다. 또한 연령별 차이도 그다지 드러나지 않는 것을 알 수 있다. 부모가 40대, 50대이건 전혀 특별한 제약 없이 '나'를 사용하고 있다. 또한 자녀의 부모에 대한 발화에서도 연령의 제약이 거의 없다. (20), (21)과 같이 할머니가 손녀에 대해서 손녀가 할머니에 대해서도 '나'를 사용하고 있는 것을 알 수 있다. 부모, 자식 사이에서의 한국어의 1인칭대명사의 사용은 일반적으로 '나'를 사용하고 '저'를 사용하는 예는 그다지 많은 비중을 차지하고 있지 않다.

<2> 형제관계

(22) 나는 이제 방위병이 될 거다. (2Eb → 2Yb, 외딴)

(23) 나는 사진 찍는 사람이 되고 싶어. (1Es → 1Ys, 외딴)

(24) 미안해 언니들, 이거 내가 괜히 미안하네. (3Ys → 3Es, 무소)

(25) 난 이 나이에 배부르고 둘째는 둘째대로 사는 게 힘들고.
    (3Es → 3Ys, 무소)

(26) 난 내가 여자로 태어난 게 정말로 행복해. (3Es → 2Ys, 내이)

(27) 응, 나 그래도 하고 싶어, 언니 (2Ys → 3Es, 내이)

(28) 나는 나이가 어려서 서류를 다른 사람 것으로 해야 한 대.
    (1Ys → 2Eb, 외딴)

(29) 그럼, 많지 내 친구들은 다 졸업하는데. (1Ys → 2Eb, 외딴)

(30) 나는 꼭 검사가 되어 우리 집을 일으킬 거야. (2Eb → 1Ys, 외딴)

(31) 뭘 주고 싶은데 마땅한 게 없어서 내 책상 위에서 빼가지고
    온 거야. (1Es → 1Yb, 외딴)

형제관계에서는 주로 '나'를 사용하고 있는 것이 일반적이다. 동
생은 형이나 누나, 오빠에게 '나'를 사용하고 있다. 젠더의 구분이
없으며, 연령별 제한도 보이지 않는다.

<3> 부부관계

(32) 내가 침대에서 자라고 했어. 3H → 3W, 무소)

(33) 아니 이 사람이 좋은 날 왜 이래. 아들들은 내가 낳았지,
    임자가 낳았어? (5H → 5W, 무소)

(34) 저와 이야기 좀 해요. (4W → 4H, 아버)

(35) 내 장기를 다 기증했으면 싫어. (4H → 4W, 아버)

(36) 미주야, 나, 나 여기 있을게. (3H → 3W, 국화)

(37) 나만 급한 게 아니야. (3H → 3W, 사랑-Ⅰ)

(38) 그럼 나보구 어떻게 하라는 건데? (3W → 3H, 사랑-Ⅰ)

(32)~(38)에서는 30대의 부부인 경우는 부부가 서로에게 보통 '나'를 사용하고 있으나, 40대, 50대 부부인 경우, 남편은 '나'를 사용하지만 부인은 남편에 대해 '저'를 사용하는 경향이 있다.

한국어에서는 1인칭대명사의 경우 가족관계에서는 특별히 젠더를 파악할 수 없다. 단지 '나'와 '저'로 구분하여 예사말과 겸사말로만 사용될 뿐이다.

<표4-6> 가족관계61)에 나타난 1인칭대명사

구분	화자와 청자의 관계	사용인칭대명사
부모·자녀	F, M→S, D	나
	S, D→F, M	나·저
형제	Eb, Es→Yb, Ys	나
	Yb, Ys→Eb, Es	나
부부	H→W	나
	W→H	나, 저

[2] 연인관계

(39) 내가 받은 거잖아요. (2Gf → 2Bf, 외딴)

(40) 날 이해하는 척하지마. (3Gf → 3Bf, 무소)

---

61) 가족관계에서는 특별히 성별을 표시하지 않았다. 그 이유는 친족명칭에서 이미 성별이 구분되기 때문이라고 할 수 있겠다.

(41) 나 너하고 결혼하고 싶어. (3Bf → 3Gf, 무소)

(42) 도대체…… 도대체 내가 왜 좋은 거야? (3Gf → 3Bf, 국화)

(43) 나 배고파요, 회 먹으러 가요. (2Gf → 4Bf, 아버)

(44) 그럼, 선생님, 절 사랑하셨던 거예요? (2Gf → 4Bf, 아버)

(45) 난 채희가 처녀인 줄 몰랐어. (3Bf → 2Gf, 사랑-Ⅰ)

(46) 내가 언제 화가 났다고 그래? (1Gf → 1Bf, 눈물)

(47) 난 술 마시면 안 되니? (1Bf → 1Gf, 눈물)

(48) 난 왠지 중이 싫드라. (2Gf → 1Bf, 사랑-Ⅱ)

(49) 나 부탁이 있어요. (1Bf → 2Gf, 사랑-Ⅱ)

(50) 제가 크는 걸 기다려 줄 수도 있잖아요. (1Bf → 2Gf, 사랑-Ⅱ)

(51) 나한테 손대지 마! 이 거짓말쟁이 요괴자식아! (2Gf → 3Bf 내이)

연인관계에서는 자신을 나타내는 1인칭대명사로 여자가 남자에게, 남자가 여자에게 일반적으로 '나'를 사용하고 있다. 그러나 경우에 따라서는 '저'를 사용하는 예도 있다. (49), (50)에서는 남자 고등학생이 여선생을 사랑하는 내용으로 '나'와 '저'를 사용하고 있다. (43), (44)에서는 20대의 여자가 40대의 남자를 사랑하는 장면에서 주로 '저'를 사용하고 있고 '나'도 사용하고 있다.

연령에 따른 인칭대명사의 변화도 없는 것으로 나타났다. 따라서 연인관계에서의 1인칭대명사에 있어서는 대우 관계의 '나'와 '저'의 사용은 나타나지만 젠더 구분은 나타나지 않는다.

<표4-7> 연인관계에 나타난 1인칭대명사

구분	화자와 청자의 성별	사용인칭대명사
연인	Gf → Bf	나·저
	Bf → Gf	나·저

[3] 선후배관계

(52) 나도 첨엔 매번 찢었는데 이젠 가끔 찢거든. (2FeSn →
1FeJn, 외딴)

(53) 나는 금지된 장난이 영화관에서 육십 년대 근처에 딱 한 번
상영된 걸로 알고 있었거든. (3MaSn → 3FeJn, 외딴)

(54) 여기서 날 좀 도와줘. (3MaSn → 3FeJn, 무소)

(55) 야아, 그걸 내가 어떻게 아냐? (2MaSn → 2FeJn, 국화)

(56) 난 이번 사건에 별 흥미를 느끼지 않아. (3MaSn → 2MaJn, 눈물)

(57) 제가 선배 속옷인들 자비로 못 사드리겠어요? (2FeJn → 2MaSn,
국화)

(58) 제 생각엔 사람들은 두 부류가 있다고 생각해요. (2MaJn →
2FeSn, 국화)

(59) 아니 제 말은 이왕 허구일거면…… (3FeJn → 2MaSn, 무소)

(60) 전 정우 오빠를 죽인 사람이에요. (2FeJn → 3MaSn, 눈물)

(61) 전 이제 막 명함을 내민 햇병아리일 뿐입니다. (3MaJn → 3MaSn,
눈물)

(62) 나, 너무 잘 살고 있지? (1FeJn → 2FeSn, 외딴)

(63) 내가 쓴 거 아니에요. (1FeJn → 2FeSn, 외딴)

(64) 어떤 여자가 나만큼이나 착잡하게 걸어오더라고요. (2FeJn
→ 3FeSn, 무소)

(65) 내게 하고 싶은 말이 있는 것 같은데요? (3FeJn → 3MaSn, 외딴)

(52)~(65)에서 선배는 주로 '나'를 사용하고 있으며 여자후배가 남
자선배에게 자신을 지칭할 때 '저'를 사용하는 경우가 있다. 여자

후배가 여자선배에게 자신을 지칭할 때에 친밀도가 높은 사이에서는 '나'를 사용하기도 한다. 선후배 관계의 1인칭대명사의 사용에서도 젠더의 구분은 나타나지 않는다. 단지 '나'와 '저'로 구분하여 예사말과 겸사말로만 사용되고 있다.

<표4-8> 선후배관계에 나타난 1인칭대명사

구분	화자와 청자의 성별	사용인칭대명사
선배 → 후배	Fe → Ma, Fe	나
	Ma → Ma, Fe	나
후배 → 선배	Fe → Ma, Fe	나·저
	Ma → Ma, Fe	나·저

[4] 동년배 관계

(66) 나야, 나 모르겠니? 나, 하계숙이야. (3FeFr → 3FeFr, 외딴)

(67) 내 손가락 이렇다는 거 누구한테도 말하면 안 돼. (1FeFr → 1FeFr, 외딴)

(68) 네 생각 날 때마다 내가 그렸어. (1MaFr → 1FeFr, 외딴)

(69) 나 너한테 이런 말하고 싶지 않지만 나도 대충 이야길 들었어. (2FeFr → 2MaFr, 무소)

(70) 네가 유별나게 그랬지 난 안 그랬어 . (2FeFr → 2FeFr, 국화)

(71) 나는 체육부장이고 쟨 미화부장이다. (1MaFr → 1MaFr, 일그)

(72) 이번에는 산수가 내 차례였어. (1FeFr → 1MaFr, 일그)

(73) 네 집사람은 내가 만나지. (4MaFr → 4MaFr, 아버)

(74) 영옥이 너 내가 진짜로 애인 뺏어 가면 어쩔래. (2FeFr → 2FeFr, 새의)

(66)~(74)에서는 친소의 관계에 따라 또는 초대면인 경우에 '저'를 사용하는 경향이 있으나 '나'를 사용하는 것이 일반적이다. 동년배 관계에서도 젠더의 구분은 나타나지 않는다.

<표4-9> 동년배 관계에 나타난 1인칭대명사

구분	화자와 청자의 성별	사용인칭대명사
동년배	Fe → Ma, Fe	나
	Ma → Ma, Fe	나

4.1.2. 2인칭대명사

한국어의 2인칭대명사로는 '너, 그대, 당신, 임자, 자네'가 있다. 최현배, 이희승에서는 '어르신'을 2인칭 대명사로 인정하고 있으나 이익섭·임홍빈(1983)에서는 '어르신'은 2인칭대명사로 인정하고 있지 않다. 일본어에서도 어느 정도의 제약은 있지만 한국어는 일본어와 같이 상대방을 부르는 데 폭넓게 쓸 수 있는 대표어가 없다.

이필영(1987)에서는 2인칭대명사의 사용에 대해 30대 이상의 남자일 경우, 화자와 청자가 허물없는 친구 또는 선·후배 사이거나, 부자, 형제와 같이 아주 가까울 때는 청자에 대한 화자의 심리적 부담감은 거의 없으므로 '너'라는 2인칭대명사를 사용한다. 한편 청자가 친구라고 하더라도 오랜만에 만났거나 그리 친하지 않을 때 또는 학교·직장에서의 친하지 않은 후배일 때, 가깝기는 하지만 다소 거리를 둘 수밖에 없을 때 심리적인 부담감이 있을 때 '자네'라는 말을 쓰게 된다. '당신'은 화자와 청자가 그리 친하지 않은 관계일 때, 화자가 청자에 대해 심리적 부담감을 느낄 때 사용하는 표현이다. 한편 청자가 30대 미만의 남자일 경우, '당신'의 사용례가 별로 없는 듯하다고 보고하고 있다.

청자가 성년 미만의 경우는 '자네, 당신'과 같은 표현은 사용하지 않고 '너'를 주로 사용하게 된다. 이는 청자의 나이가 어릴수록 친소관계에 상관없이 화자의 청자에 대한 심리적 부담감이 적어지기 때문이라고 지적하고 있다.

청자가 여성인 경우는 '너, 당신'을 주로 사용하나, '자네'는 비교적 한정된 부분에서만 사용하는 경우가 있다고 한다.[62] 한편 '거기, 댁'을 사용하는 경우도 있는데, '거기'는 '당신'보다 사용자의 연령층의 폭이 넓은 편이며, '댁'은 중년 이상의 여성 화자에 의해 주로 사용되는 듯하다고 한다.

4.1.2.1. 너

'너'는 '나'에 대립되는 말로서 아이들, 젊은이 사이에서 친소 관계에 구애됨이 없이, 젠더의 구별 없이, 일반적으로 사용되는 2인칭대명사이다. 또는 연장자가 자기보다 젊은 청자에게 쓰이며 친한 사이이거나 격식을 차리지 않아도 되는 잘 아는 상대에게 쓸 수 있다.

<표4-10>에서 알 수 있는 바와 같이 2인칭대명사에서는 '너'의 사용이 가장 많은 것으로 나타났으며 '자네, 당신, 임자'의 사용도 보이나 그 수는 적다. 그 가운데 '자네'는 한국어의 인칭대명사 가운데 약간의 젠더가 나타나는 부분이라고 할 수 있다.

---

62) 나이가 많은 며느리들 사이에서 시누이, 올케 사이는 '자네'를 종종 사용하는 경우도 있다.

<표4-10> 한국어 2인칭대명사의 용례 수(%)

인칭대명사 성별	너	당신	자네	임자
남	177(81.2)	24(11.0)	16(7.3)	1(0.5)
여	371(94.1)	18(4.6)	5(1.3)	0(0.0)
계	548(89.5)	42(6.9)	21(3.4)	1(0.2)

[1] 가족관계

<1> 부모, 자식관계

(75) 너도 한잔 마시려 무나. (6F → 3D, 무소)

(76) 그런 줄도 모르고 답장을 기다릴 니 생각 허니까는…… (5F →
1D, 외딴)

(77) 지금 네가 그렇게 한가한 때야? (4F → 1S, 눈물)

(78) 너 남박 알지 이거 순 돌팔 이야, 돌팔이 (4F → 2D, 아버)

(79) 너 가고, 어디 갔냐고 울고불고 난리였단다. (5M → 1D, 외딴)

(80) 너는 우리 집 장손 아니냐. (5M → 2S, 외딴)

(81) 니 아비가 얼마나 심란하면 혼자 날마다 낚시질이겠니? (5M →
1D, 무소)

(82) 지원아, 넌 어서 들어가. (4M → 2D, 아버)

(83) 넌 마법의 손을 가지고 있구나. (5M → 3D, 사랑-Ⅰ)

(84) 너도 은경이라는 애 봤니? (4M → 1S, 눈물)

(85) 누가 너보고 가게 지키라고 했니? (4M → 2D, 눈물)

(86) 네 이름을 누가 지었니? (5M → 2D, 내이)

(87) 네 놈 말대로 미주가 우선이니까. (5M → 3S, 내이)

(75)~(87)에서 알 수 있는 바와 같이 아버지, 어머니는 자식에 대해서 2인칭대명사인 '너'를 사용하는 데 제약을 받지 않으나, 자식, 즉 아들, 딸 들은 부모에 대해서 '너'를 사용하지 않는다. 인칭대명사보다는 어머니(엄마), 아버지(아빠) 등의 친족호칭을 사용하는 것이 일반적인 현상이다. 따라서 한국어의 이인칭대명사 '너'에서는 부모·자식관계에서 젠더의 구별이 없으며, 연령상의 구별도 나타나지 않는다.

<2> 형제관계

(88) 어떻게 해서든 네 뒤를 봐 주겠다. (2Eb → 2Yb, 외딴)

(89) 네가 새를 찍는 사람이 되고 싶어 하는 것과 마찬가지라고
    (1Ys → 1Es, 외딴)

(90) 넌 애가 이상하구나. 별스럽지도 않은 것에서 까탈이구나.
    (1Es → 1Ys, 외딴)

(91) 너라도 잘사니까 좋지. (2Es → 2Ys, 무소)

(92) 너 외박했다고 그러시는 건 아니니까. (2Es → 2Ys, 내이)

(93) 넌 언제까지나 공장 생활을 하겠다는 거야? (2Eb → 1Ys, 외딴)

(94) 니가 지금 쓰는 소설이 그때가 배경이라고 하니까 말인데.
    (2Eb → 1Ys, 외딴)

(95) 너 옛날부터 책 읽는 거 좋아했잖아. (1Es → 1Yb, 외딴)

(88)~(95)의 형제관계에서는 오빠, 누나, 언니, 형은 남동생이나 여동생에 대해 2인칭대명사 '너'를 사용하는 것은 보편적인 현상이나 남동생, 여동생은 손위 형제에게는 '너'를 사용하지 않는다. 2인

칭대명사 '너' 대신 친족호칭을 사용하고 있다. 위의 용례 가운데
한 예가 언니에게 '너'를 사용하고 있으나 일반적인 현상은 아니
다. 형제관계의 2인칭대명사 '너'에서도 젠더, 연령별 구별이 없다.

<3> 부부관계

(96) 미안해…… 하지만 너 참 독한 데가 있구나. (3H → 3W, 무소)

(97) 내가 네 증상 잘 아니까 약 지어갈게. (3H → 3W, 국화)

(98) 너 같은 쓰레기한테는 이런 구정물이 제격이야! (4W → 4H,
    내이)

부부관계에서 남편은 부인에게 '너'를 사용하지만 부인은 남편에
대해 그다지 사용하지 않는 편이라고 할 수 있겠다.

그러나 (98)에서는 부인이 남편에 대해 '너'를 사용하고 있는데, 이
는 남편에 대해 부인이 화가 난 상태에서 소리를 지르는 장면이다.

<표4-11> 가족관계에 나타난 2인칭대명사

구분	화자와 청자의 관계	사용 인칭대명사
부모·자녀	M, F→S, D	너
	S, D→M, F	*63)
형제	Eb, Es→Yb, Ys	너
	Yb, Ys→Eb, Es	너*
부부	H→W	너
	W→H	너

---

63) *의 표시는 해당하는 인칭대명사를 사용 안 함을 나타낸다. 자식이 부모한테 '너'를 사용하
지 않는다. 그리고 동생도 형이나 누나에게 또는 언니나 오빠에게 '너'를 사용하기도 하지
만 또 다른 친족명칭을 사용하는 경우가 많다.

[2] 연인관계

(99) 넌 절망에조차 이르지 못해 (3Bf→ 3Gf, 무소)

(100) 너 아이를 죽이고 살아봤어? (3Gf→ 3Bf, 무소)

(101) 삼순이 너 이런 애가 아니었잖니? (3Bf→ 2Gf, 내이)

(99)와 (101)은 화자가 남자이며 여자애인이 30대 또는 20대이다. 이 경우에도 남성인 화자는 애인을 '너' 또는 '넌'으로 부른다. 또한 여성화자가 자기 남자친구를 부르는 경우에도 변함없이 '너'를 택하고 있다. 이와 같이 화자의 성별에 따른 젠더표현의 차이는 보이지 않는다.

<표4-12> 연인관계에 나타난 2인칭 대명사

구분	화자와 청자의 성별	사용인칭대명사
연인	Gf → Bf	너
	Bf → Gf	너

[3] 선후배관계

(102) 넌 뭐가 되고 싶니? (2FeSn → 1FeJn, 외딴)

(103) 너 안 이쁘잖아. (3FeSn → 1FeJn, 무소)

(104) 네가 직접 물어보지 그러니? (2FeSn → 2MaJn, 국화)

(105) 너 정말 열 받게 할래? (3FeSn → 3MaJn, 국화)

(106) 뭐라고 설명은 할 수 없다만 지금 네가 쓰는 외딴방에선
말이다…… (3MaSn → 3FeJn, 외딴)

(107) 그래 서혜완이 너 말야. (2MaSn → 2FeJn, 무소)

선후배관계에서 2인칭대명사가 나타나는 (102)~(107)의 주어인
화자는 모두 선배였고 상대방 후배에게 '너'라고 부르고 있다. 선
배가 남성이거나 여성이거나 차이를 보이지 않는다. 후배가 선배를
부르는 경우에는 2인칭대명사의 사용에 제약이 따른다. 본 조사에
서도 남성후배나 여성후배가 선배를 가리켜 '너'를 사용하지 못하
고 '선배＋님', '이름＋형', '이름＋언니', '이름＋누나' 등을 택한
다. 이와 같이 한국어에서는 친족이 아닌 타인에게 대하여 친족명
칭을 붙이고 있다.

<표4-13> 선후배관계에 나타난 2인칭 대명사

구분	화자와 청자의 성별	사용인칭대명사
선배 → 후배	Fe → Ma, Fe	너
	Ma → Ma, Fe	너64)
후배 → 선배	Fe → Ma, Fe	*
	Ma → Ma, Fe	*

[4] 동년배관계

(108) 너는 우리 얘기를 쓰지 않더구나. (3FeFr → 3FeFr, 외딴)

(109) 너 말야, 아까 그 책에 써져 있는 말들 다 이해하니?
    (1FeFr → 1FeFr, 외딴)

(110) 알아, 네 맘 잘 알아! (3FeFr → 3FeFr, 국화)

(111) 너도 좋은 사람이 곧 생길거야. (2FeFr → 2FeFr, 내이)

(112) 아직 석대가 그걸 네게 말해 주지 않았어? (1FeFr →
    1MaFr, 일그)

---

64) 남자선배가 남자후배에게 '너'라는 인칭대명사를 사용하기도 하지만 장면에 따라 '자네'라
   는 2인칭대명사도 사용한다.

(113) 이거 너 가져 (1MaFr → 1FeFr, 외딴)

(114) 넌 몰라 모르면 가만히 있어. (1MaFr → 1MaFr, 일ㄱ)

(115) 네가 예수냐? 최후의 만찬이야? 망할 자식 (4MaFr →
　　　 4MaFr, 아버)

(108)~(115)의 동년배관계에서는 여성이 여성에게, 여성이 남성
에게, 남성이 남성에게의 관계에서 '너', '넌', '네'가 연령과 성별
에 관계없이 폭넓게 사용되고 있다. 이는 2인칭대명사 '너'의 의미
영역이 넓다고 말할 수 있다.

<표4-14> 동년배관계에 나타난 2인칭대명사

구분	화자와 청자의 성별	사용인칭대명사
동년배	Fe → Ma, Fe	너
	Ma → Ma, Fe	너

4.1.2.2. 당신

'당신'은 현대한국어에서 예사높임이나 예사말이라고 규정되어 있
으므로 대우성이 높은 2인칭대명사이다. 그러나 실제 언어생활에서
는 대우성이 그다지 높지 않다. 화자는 연령 차이가 많은 청자에 대
하여 '당신'을 사용하지 못하나, 화자가 손윗사람인 경우에는 손아
랫사람인 청자를 가리켜 청자를 택할 수 있다. 그러나 '당신'보다는
'자네'를 사용하며 그 밖에 신분명, 직함을 우선적으로 사용한다.
  '당신'의 사용 장면을 정리해 보면, 친밀성이 어느 정도 있는 사
이에서 사용되는 경우는 약간 높이는 말이며, 부부 사이에서 사용

되는 '당신'은 매우 친밀성이 있는 표현이다. 그리고 모르는 사람 사이에서 감정이 격해졌을 때 사용하기도 한다.

매우 높임의 표현으로 '당신'을 사용하는 경우도 있다. 신과 같은 절대자나 아버지, 선생님과 같은 사람을 일컬을 때 사용한다. 소설의 용례에는 나오지 않았으나 다음과 같은 문장을 생각할 수 있다.

예) 당신(선친)은 그렇게 살지 않으셨어요.
　　주여, 당신께서는 우리를 불쌍히 여기소서.

<1> 부부관계

(116) 당신 또 아가씨한테까지? (3W → 3H, 외딴)

(117) 당신 마음 알아요. (4W → 4H, 아버)

(118) 당신 어떻게 할 거야. (4H → 4W, 아버)

(119) 당신 동생이 한두 살 먹은 어린애야? (3W → 3H, 내이)

(120) 당신 몸에서 좋은 냄새가 나는데. (3H → 3W, 사랑-Ⅰ)

<2> 연인관계

(121) 난 정말 당신이 좋아. (3Bf→ 2Gf, 내이)

(122) 이제 조금쯤은 행복해져도 되잖아요? 당신이나 나나 (2Gf
　　→ 3Bf, 내이)

<3> 그 밖의 관계

(123) 당신에게 나 은혜 입은 거 없어. (준비반 조장 → 총무과장,
　　외딴)

(124) 당신 사장이 백두라는 사람이오? (20대 남자→ 조폭 두목,
　　　눈물, 초대면)

'당신'은 (116)~(120)에서와 같이 부부 사이에서 가장 보편적으
로 사용되고 있다.65) 남편이 부인에게, 부인은 남편에게 '당신'을
사용하며 젠더프리 현상이 나타나고 있다. 소설의 용례에서, 연인
관계에서는 '당신'이 거의 사용되지 않았으나, (121), (122)에서는 남
자친구가 여자친구에게 여자친구가 남자친구에게 '당신'을 사용하
고 있는 것을 알 수 있다.

　그 밖의 관계에서의 (123), (124)에서 사용된 '당신'은 주로 시비
를 가리는 장면에서 사용되고 있다. 이와 같이 시비를 가리는 장
면에서의 사용은 연령에 구애 없이 사용되고 있으며, 젠더의 구분
은 '당신'에서도 나타나지 않는다.

4.1.2.3. 자네

(125) 자네도 늙어 가는 군. (4MaFr → 4MaFr, 아버)

(126) 자넨 환자 상태를 보고도 모르겠나? (4MaSn → 3feJn, 국화)

(127) 이유를 굳이 찾는다면 변호인이 바로 자네라는 거야.

　　　(4MaSn → 3MaJn, 눈물)

(128) 자넨 역시 대단한 친구야. (조직두목 → 20대 청년, 눈물)

(129) 자네…… 왔나? (엄마 → 딸의 애인, 눈물)

---

65) 부부사이에서도 '자네'가 사용되는데, 주로 남편이 아내에게 쓰는 말이다. 이 점은 남편이
　　아내보다 높은 지위에 있다는 가부장적인 전통의식에서 의한 것이라고 생각된다. 그러나 소
　　설에서는 용례가 보이지 않는다.

(130) 그 그래서 <u>자네</u> 지금 나한테 주장 하는 게 뭔가?

　　　(여자윗동서 → 아랫동서, 무소)

'자네'는 남녀의 성별에 관계없이 자유롭게 선택할 수 있는 인칭 대명사이다. 남성화자인 경우에는 위의 예문에서 남성화자는 40대 청자인 남자친구에게 사용하며 (125), 상대방의 지위나 신분이 어느 정도 높은 경우에 선배가 후배에게 젠더에 관계없이 사용하였다. (126, 127)

'자네'는 여성어로서는 제약이 따르나, (129)에서는 여성 화자가 자신의 딸의 남자친구에게 사용하며, (130)에서는 여자 손위 동서가 손아래 동서에게 '자네'를 사용하고 있다. 손아래 동서가 손위동서에게 '자네'는 사용할 수 없다.

4.1.2.4. 임자

(131) 아들들은 내가 낳았지, <u>임자</u>가 낳았어? (6H → 5W, 무소)

'임자'는 널리 쓰이지는 않으나, 대체로 동년배의 상대에게 쓰이는 말이다. '임자'는 남편이 아내에게 쓰기도 하는데 이 경우는 아내를 예우하며 부르는 말씨가 된다. 그러나 젊은 세대보다 연장자 부부 사이에서 사용되고 있다고 생각된다. 아내가 남편에 대해 '임자'라고 하는 경우는 드물지만 할머니가 남편인 할아버지에게 '임자'라고 하는 경우가 간혹 있다.

4.1.2.5. 그대, 자기

'그대'는 문어체로 제한되어 있기 때문에 현대 한국어의 담화에서 일상적으로 사용하지 않는다. 시어에서는 그 용례를 볼 수 있다.

2인칭대명사 가운데 '자기'는 2인칭대명사 또는 호칭으로 사용하는 경우가 있다. 이는 재귀대명사 '자기'에서 전위된 것으로 볼 수 있다. 이 말이 쓰이기 시작한 것은 1970년대 이후로 추정하고 있다.[66]

임홍빈(1993)은 '자기'의 사용은 부부 사이에 '당신'의 용법이 정착되기 전까지의 시기에 많이 쓰이는 것으로 남성어에서도 '자기'를 쓰는 일이 없는 것은 아니나 그 빈도는 훨씬 적다고 보고, 상대적으로 여성어의 일종으로 볼 수 있을 것이라고 한다. 이 주장에 따르면 '자기'는 한국어에 있어서 젠더가 나타나는 인칭대명사라 할 수 있겠다.

그러나 소설의 용례에서는 '그대'와 '자기'의 사용은 보이지 않는다.

4.2. 일본어의 인칭대명사

4.2.1. 1인칭대명사

여성은 자신을 가리키는 말로 주로 'わたくし, わたし, あたくし,

---

66) 김미형(1985) 『한국의 대명사』 한신문화사 p.105.

あたし'를 사용하고 있다. 그러나 이에 반해 남성의 경우는 여성의 경우와 마찬가지로 'わたくし, わたし' 등을 사용하고 'ぼく, おれ' 등의 남성 고유의 1인칭대명사를 사용하기도 하며 '自分' 등을 사용하는 경우도 있다.

시바(芝元一: 1974)[67]에서는 인칭대명사의 남녀 차를 현대소설의 대화문의 용례를 중심으로 연구 결과를 발표하였는데, 1인칭대명사의 사용례를 살펴보면 다음과 같다.

> 남성: ぼく(약55%) → おれ(약20%) → わたくし, わたし → あたし
> 여성: わたくし, わたし(약60%) → あたし(약 39%)

오자키(尾崎喜光: 1997)는 도쿄의 한 고등학교에서 조사한 결과 학교 안에서 어떠한 1인칭대명사를 어느 정도 사용하고 있는가에 대해 1991년부터 1992년까지 국립국어연구소에서 실시한 결과를 다음의 <표4 - 15>와 같이 보고하고 있다.

<표4 - 15> 동성 친구 간의 1인칭대명사의 사용현상(%)[68]

성별	1인칭	비율	성별	1인칭	비율
남	おれ	91.3	여	あたし	69.9
	ぼく	27.0		わたし	63.8
	わたし	5.2		ぼく	1.7
	あたし	2.7		おれ	1.6

---

67) 다나카(田中章夫: 1999) 『日本語の位相と位相差』 재인용 pp.29~30 <시바(芝元一: 1974)「現代語の人稱代名詞について」

68) <표4 - 15>는 동성친구에 대한 각종 자칭사의 사용자율로서 전체 도표의 일부를 수식으로 나타낸 것이다. 각각의 퍼센트는 전체 100퍼센트를 기준으로 한 것이 아니고 예를들면 'おれ'의 경우 '사용하다 91.3%, 사용하지 않는다 5.2%, 무응답 3.5%'로서 사용하다의 100퍼센트 중 91.3퍼센트를 말한다.

남자는 주로 'おれ', 여자는 주로 'あたし', 'わたし'를 사용하고 있으므로 10대의 젊은층에서도 아직은 1인칭대명사의 사용에 있어서 젠더의 구분이 현저하다고 말하고 있다. 최근 여성들의 'ぼく' 사용에 대해서는 일반적인 현상으로 보편화된 것은 아니라고 한다.

다카하시(高橋巖: 2002)는 남자 대학생은 'ぼく'보다 'おれ', 상대를 가리키는 말로서 'おまえ'를 많이 택하고 있으며, 특히 'おれ'는 사회인들도 정중한 표현 속에 함께 사용하고 있다고 지적하고 있다. 또한 여성들의 'ぼく'의 사용은 초등학생에서 대학생에 이르기까지 파급되고 있고, 사용 장면은 동성과 말할 때 많이 사용하고 있다고 한다.

일본어의 인칭대명사의 사용현상은 앞에서 제시한 1974년에 조사한 시바(芝元一: 1974)의 연구와 그 이후 1990후반의 오자키(尾崎喜光: 1997)의 연구와 다카하시(高橋巖: 2002)의 연구는 약 20년간의 갭이 있는데, 이 두 연구는 확연히 다른 현상을 보여주고 있다. 남성의 1인칭대명사의 사용비율이 가장 높았던 것이 'ぼく'이었으나 'おれ'에게 자리를 빼앗겼으며, 'わたし'의 사용이 절대적이던 여성의 1인칭대명사도 'あたし'에게 밀려나는 현상을 보이고 있다.

일본어의 인칭대명사는 상대와의 친소, 상하 관계나 화제의 포멀리티에 따라 선택된다. 『これからの敬語』에서는 'わたし'를 1인칭 대명사로 사용하도록 권고하고 있지만 일본인 남성의 인포멀한 일상회화에서는 'おれ', 'ぼく'가 주로 쓰이고 있다. 'おれ'는 상대가 동년배 이하일 때 사용하고 포멀한 정소에서는 사용되지 않았으나 사용빈도가 높아지며 사용범위도 넓어지고 있다.

이와 같이 일본어의 인칭대명사는 많은 수가 존재하지만, 일상

회화에서는 사용하는 것을 꺼려하며 잘못 사용했을 때 오히려 亂
用, 誤用의 소지가 되는 경우가 있다. 적절한 인칭대명사의 사용이
자연스런 담화와 문장이 될 수 있다.

다음은 용례를 뽑기 위해 선정한 일본어 소설이다. ( ) 안은 소
설 제목을 약칭으로 나타낸 것이다.

(1) ノルウェイの森(노르웨이의 숲) 1 1991(ノル)

(2) 101回目のプロポーズ(백한 번째 프러포즈) 1991(101)

(3) ロングバケーション(롱버케이션) 1996(ロン)

(4) ベットタイムアイズ(베드타임아이즈) 1996(ベット)

(5) 失樂園(실락원) 1 1997(失樂)

(6) 家族シネマ(가족시네마) 1999(家族)

(7) GO(고) 2000(GO)

(8) 冷靜と情熱のあいだ(냉정과 열정 사이) 1, 2 2001(冷-1, 冷-2)

(9) 元カレ(모토카레) 2003(元カ)

(10) ヤンキー母校に歸る(양키 모교에 돌아가다) 2004(ヤンキ)

이상의 소설에서 뽑은 용례를 분석한 결과 <표4-16>과 같은
결과를 얻을 수가 있었다.

<표4-16> 일본어 1인칭대명사의 용례 수(%)

인칭대명사 / 성별	わたし	わたくし	あたし	ぼく	おれ
남	33(7.7)	2(0.5)	0(0.0)	121(28.3)	272(63.5)
여	175(50.3)	1(0.3)	172(49.4)	0(0.0)	0(0.0)
계	208(26.8)	3(0.4)	172(22.2)	121(15.6)	272(35.0)

일본어의 1인칭대명사의 용례 수를 남녀로 나누어 보면 남성의 경우는 'ぼく'보다는 'おれ'의 사용례가 월등히 많으며, 여성의 경우는 'わたし'와 'あたし'를 주로 사용하고 있다는 것을 알 수 있다.

또한 여성의 'ぼく'나 'おれ'의 사용은 보이지 않으며, 남성의 'あたし' 사용도 보이지 않는다. 따라서 소설의 용례에 나타난 1인칭대명사는 중성화가 보이지 않는다. 인칭대명사의 중성화에 대한 것은 뒷부분에서 언급하기로 하겠다.

4.2.1.1. わたし

『日本語文法大辭典』(2001)에 의하면 'わたし'는 에도(江戶)시대부터 사용하기 시작한 인칭대명사로서 당시는 남자도 사용했으나 그 용례는 적다고 한다. 주로 여성이 사용하였으며, 무사계급에서는 사용하지 않았다고 한다.

'わたし'는 앞서 언급한 바와 같이 『これからの敬語』에서는 'わたし'를 사용하도록 권고하고 있다.

남성은 포멀한 장면에서 주로 'わたし'를 사용하고 있는 데 비하여, 여성은 포멀한 장면과 인포멀한 장면에서 모두 사용하고 있음을 알 수 있다. 따라서 엄밀히 말하자면 남녀가 공용하는 유일의 'わたし'도 그 待遇 단계의 파악에 대해서는 젠더가 나타나는 것을 알 수 있다. 일반적으로 남성은 여성보다 'わたし'의 표현을 더 적게 사용하고 있다. 조사한 용례 가운데 남성은 33례(7.7%), 여성은 175례(50.3%)를 나타내고 있다. 남성은 남성 자신을 나타내는 젠더 표현인 'ぼく, おれ'의 사용을 선호하고 있는 것을 알 수 있다. 'わたし'의 사용례를 살펴보면 다음과 같다.

[1] 가족관계[69]

(132) でもわたしは素人なんだから仕方ない。(5F → 2D, 家族)

(133) 私ね、そろそろ歸ろうかと思ってるの。(2Ys → 2Es, 冷－1)

(134) 私はマーブを愛してるわ。(2Es → 2Ys, 冷－1)

(135) 私が聞きたいわよ。(3Es → 2Yb, ロン)

(136) わたしは棲めない (2Es → 1Yb, 家族)

(137) それにしてもどうしてこうなってしまったのか、わたしには
わからない。(5H → 5W, 家族)

(138) わたしは三十年のキャリアを持ってるから引っ張りだこだ。
どこだって高級で雇ってくれる。(5W → 5H, 家族)

(139) 私を潰す氣か？(4H → 4W, ヤンキ)

(140) 私は余計なお世話というのが嫌いんだからよ。(5A → 2MaC,
冷－2)

'わたし'는『これからの敬語』에서 자신을 가리키는 말의 표준형
으로 정하고 있으나 남성보다는 여성이 월등히 많이 사용하고 있
음을 알 수 있다. 가족관계는 외부의 관계(外: そと)에 대립되는 내
부의 관계(身内: みうち)이다. 따라서 일본어에서는 내부의 관계에
속하는 사람 사이에서는 경어를 사용하지 않는다.
　본 연구에서 추출한 예문에서 'わたし'가 나타나고 있는 장면으
로는 여동생이 언니에게(133), 언니, 누나가 여동생, 남동생에게

---

69) 한국어에서는 가족관계를 부모·자식관계, 형제관계, 부부관계로 세분하였으나 일본어에서
　　는 인칭대명사의 어휘 수가 한국어보다 많아 장황한 분류가 될 것을 우려하여 세분하지 않
　　았다. 화자와 청자의 표시를 보면 관계를 파악할 수 있을 것이라고 생각된다.

(134, 135, 136), 고모가 조카에게(140)과 같이 주어인 화자가 모두 여성임이 확인되었다.

　남성의 'わたし' 사용은 (132)에서와 같이 아버지가 딸에게, (137), (139)에서와 같이 화자인 남편이 청자인 부인에게 하는 대화로 나타난다. (138)에서는 부인이 남편에게 사용하고 있다. 연령은 40대, 50대에서 사용하고 있다.

　[2] 연인관계

　(141) 私はどっちみちこの監督が好きじゃないんだわ。

　　　　(2Gf → 3Bf, 冷-1)

　(142) 私、年下には1ミリも興味ないから。(3Gf → 2Bf, ロン)

　(143) わたし、給食って大嫌いだった。(1Gf → 1Bf, GO)

　(144) 私、眞二さんのこと好きです。(2Gf → 2Bf, ロン)

　(145) 私はお肉が食べたかったんだよお。(3Gf → 3Bf, ベット)

　(146) 私を捨てた奴に會いたいわけないでしょ。(2Gf → 2Bf, 冷-2)

　(147) わたし、本当はこういうのって辛いの。(3Gf → 5Bf, 失樂)

　연인관계에서 'わたし'의 사용은 여성의 담화에서만 나타난다. (141)~(147)의 화자는 모두 여성이다. 남성들은 연인에 대해 자신을 지칭할 때 'わたし'를 사용하지 않다는 것을 알 수 있다.

　[3] 선후배관계

　(148) 私だって、若い時もてたのよ。(3FeSn → 2FeJn, ロン)

　(149) 私、決まったんですよ。それ　(2FeJn → 3FeSn, ロン)

(150) 私、行きたいとこあるんだす。(2FeJn → 3MaSn, ロン)

(151) あんたが私にこうさせてよ。(4FeSn → 3FeJn, ベット)

(152) どういうことなの？ わからないよ、私 (3FeJn → 4FeSn, ベット)

(148)~(152)의 선후배관계에서도 'わたし'를 사용하는 쪽은 주로 여성이며, 남성의 사용은 거의 나타나지 않는다. 선후배 관계에서 여자선배가 여자후배에게, 여자후배가 여자선배와 남자선배에게 'わたし'를 사용하고 있다.

[4] 동년배관계

(153) じゃあ私もマーヴにポロシャツでもみようかな

　　　 (2FeFr → 2FeFr, 冷 - 1)

(154) わたしがするわ。(2FeFr → 2MaFr, 冷 - 1)

(155) ねえ、私にもそういう生活できると思う？ (1FeFr → 1MaFr, ノル)

(156) 私もこの春からここに採用になってさ。(2MaFr → 2MaFr, ヤン)

(157) けなげっていうのに私 …… 弱いんだよね。(2FeFr → 2MaFr, ヤン)

(153)~(157)의 동년배 관계에서도 'わたし'를 사용하는 쪽은 주로 여성이며, 남성의 사용은 거의 나타나지 않는다. 남성의 'わたし'의 사용은 20대의 동년배 관계(156)에서 보인다.

4.2.1.2. あたし

『日本語文法大辭典』(2001)에 의하면 'あたし'는 메이지(明治)시대 이후에 사용되기 시작했으며, 'わたし'보다 인포멀한 장면에서 사용된다. 주로 여성이 사용한다.

'わたくし' → 'わたし' → 'あたし'로의 사용 현상의 변화가 보인다. 이는 첫째, 발음상에서의 간결함을 생각할 수 있으며, 둘째, '정중함'에서 '무례함'으로의 단순한 변화가 아니라, 여성의 사회적 지위의 상승으로 여성이 당당히 여성 자신의 젠더 표현을 하게 되었다는 결과로 긍정적으로 이해할 수 있을 것이라고 생각된다.

분석결과를 살펴보면 남성은 'あたし'의 사용이 전혀 나타나지 않았으며 여성은 172례(49.4%)를 사용하고 있는 것으로 나타났다.

[1] 가족관계

(158) あのね、あたしは22にもなって親のスネかじりたくないのよ
(2D → 5M, 元カ)

(159) 今さらあたしが森さんと夫婦ごっこする意味ないじゃない(5M → 2D, 家族)

(160) ……あたしに失礼でしょ。(3Es → 2Ys, 101)

(161) ちょっと、あたし、一回笑うと止められないんだからさあ
(2Ys → 3Es, 101)

(162) あたしも、なかなか家をあけるわけにはいかないんです。
(5W → 5H, 元カ)

(163) ……前に話したでしょ、あたしが結婚式を……. (3W → 4H, 101)

(158)~(163)의 'あたし'는 가족관계 안에서 여성들이 주로 사용하고 있음을 알 수 있다. 딸이 엄마에게, 엄마가 딸에게, 언니가 여동생에게, 여동생이 언니에게, 부인이 남편에게, 사용하는 것으로 나타난다. 젠더 구분이 확실하며, 'わたし'와 함께 여성이 가장 많이 사용하고 있는 1인칭대명사라고 할 수 있겠다.

[2] 연인관계

(164) あたし、あんたを愛してると思うの。(2Gf→2Bf, ベット)

(165) あたしはいつでも大丈夫。エレガには残業ないみんね(2Gf→2Bf, 元カ)

(166) あたし、このまえのこと謝りたくて。(2Gf→3Bf, 元カ)

(167) 星野さんに、あたしは、ふさわしくないのよ。それがわかったの。(3Gf→4Bf, 101)

(168) 帰るっていうの、あたしがビジネスしてるときに (5Gf→5Bf, 家族)

(169) やっぱりあたし…… (2Gf→2Bf, 冷-2)

(164)~(169)의 연인관계에서 여성은 주로 'あたし', 'わたし'를 사용하고 있으며 20대에서 50대의 여성들이 사용하고 있음을 알 수 있다. 남성의 사용은 보이지 않는다.

[3] 선후배관계

(170) あたしのステージ見たいんだったら……. (3FeSn→2FeJn, ベット)

(171) あたしはひとりで……. (2FeJn→4MaSn, 元カ)

(172) ほんとに、<u>あたし</u>、教えられるほどうまくないんですよ。
(2FeJn → 4MaSn101)

(173) <u>あたし</u>さ、考えてみれば、小さいときから服でもなんでもお
ねえちゃんのお下がりばっかりだったのよ。(2FeJn →
3MaSn, 101)

(171)～(173)의 선배, 동년배 관계에서도 여성은 주로 자신을 지
칭할 때 'あたし'를 사용하고 있다. 여자선배가 여자후배에게, 여자
후배가 남자선배에게, 자신을 가리켜 'あたし'를 택하고 있다.

[4] 동년배관계

(174) ねえ、<u>あたし</u>たちも行こうか。…….ねえ　(2FeFr → 2FeFr, 元カ)

(175) <u>あたし</u>が食べますから　(2FeFr → 2MaFr, 元カ)

(176) でもさ、<u>あたし</u>の見たところ、向人は彼女のこと全然眼中に
ないみたい。(2FeFr → 2MaFr, 101)

(174)～(176)의 동년배 관계에서는 여자친구 사이에서, 여자친구
가 남자친구에게 사용하고 있는 것으로 나타났다. 1인칭대명사 'あ
たし'에서는 젠더의 구분이 확실하게 나타난다는 것을 알 수 있다.

4.2.1.3. わたくし

(177) <u>わたくし</u>、素美の父です。失礼ですが、どなたさまでしょう
か。(아버지 → 딸의 회사동료에게、家族)

(178) <u>わたくし</u>はもっと若い女性に人氣があるひとに賴むべきだと

考えています。(회사 직원→ 社長、家族)

(179) ぜひ先生の作品を<u>わたくし</u>どもの商品に使わせていただきたいのです。(29才의 여자→ 男, 70代, 彫刻家, 家族)

'わたくし'는 1인칭대명사 가운데 가장 포멀한 형태이다. 남녀 모두 사용하며 현대 일본어에서는 그 사용이 많이 줄어들고 있는 현상이다.

분석 결과, 남성은 2례(0.5%)의 사용을 보이고 있으며 여성은 1례(0.3%)를 나타내고 있다.

(177)은 초대면에서, (178)은 부하직원이 사장에 대해서 (179)는 연장자에 대해서 사용하는 장면이 나오고 있다. 남성과 여성의 사용이 고루 보인다.

4.2.1.4. ぼく, おれ

'ぼく'는 헤이안(平安)시대부터 사용되기 시작했으며 오늘날과 같은 용법이 된 것은 메이지시대 중반부터이며 당시는 書生, 青年 등의 젊은 세대 사이에서 사용되었다. 『禮法要項』에서는 남성의 'ぼく'의 사용은 인정하고 있으나, 『これからの敬語』에서는 남자 학생의 용어이나, 사회인이 되면 'わたし'를 사용하기를 권하고 있다.

'おれ'는 1인칭대명사로서 가마쿠라(鎌倉)시대부터 에도(江戸)시대에 걸쳐서 남녀의 구별 없이 사용되어 왔다. 여성의 'おれ'의 사용은 에도시대에는 보편적으로 사용하지 않게 되었다. 'おれ'는 메이지(明治)시대, 쇼와(昭和) 전기까지는 인포멀한 장면에서 청년 동년배, 중년 이상의 남성이 주로 사용하였다.

긴스이(金水 敏: 2003)는 'おれ'를 야성적·공격적인 데 반해 'ぼく'를 유약하며, 피보호적으로 대비시키고 있다.[70] 이와 같이 남성 자신들의 젠더를 강하게 나타내려고 하는 현상은 사회·문화적인 변화에 따른 것이라고 생각된다. 이러한 경향은 여성들이 보다 강한 이미지의 남성을 선호하게 되기 때문이 아닌가 한다.

분석결과 'ぼく'는 남성의 사용(121례, 28.3%)만 보이고 여성의 사용은 나타나지 않았다. 'おれ'에서도 남성의 사용(272례, 63.5%)만 보이고 여성의 사용은 나타나지 않고 있다. 남성의 경우를 살펴보면 'ぼく'의 사용보다는 'おれ'이 월등히 많은 것으로 나타났다.

[1] 가족관계

(180) ゴルフは<u>俺</u>の人生におけるカンフル劑なんだよ。(4F → 1S, GO)

(181) ええ〜〜〜〜、<u>オレ</u>、水虫じゃないのに　(2S → 5F, 元カ)

(182) <u>オレ</u>はそうめんでいいんだ。よけいなことするな。(5F → 2S, 元カ)

(183) <u>俺</u>、ダメなんだよね。(2Yb → 3Es, ロン)

(184) <u>ぼく</u>、テニスのコーチして稼いでるの。(1Yb → 2Es, 家族)

(185) <u>ぼく</u>はエゴが強いだろ。昔からこう見えてもエゴだらけだったじゃない。(2Gs → 6Gr, 冷-2)

(186) <u>ぼく</u>のことは何か言ってましたか？(2MaC → 5A, 冷-2)

(187) どうせ<u>オレ</u>は劣性遺伝だよ。(4Eb → 2Yb, 101)

(188) ほんとに<u>オレ</u>も行っていいのかよ。(2Yb → 4Eb, 101)

---

70) 긴스이(金水 敏: 2003)『ヴァーチャル日本語役割語の謎』岩波書店 pp.122〜127.

'ぼく・おれ'는 (180)〜(188)에서는 남성만이 사용하고 있는 것으로 나타났다. 앞서 언급한 선행연구에서는 쇼와(昭和) 초기의 모던 걸을 위시하여, 현재에도 점차 여성들이 'ぼく・おれ'를 사용하고 있다는 보고가 있었으나, 소설용례에서는 나타나지 않는다.[71)]

'おれ'는 아버지가 아들에게, 아들이 아버지에게, 남동생이 형에게, 형이 남동생에게 사용하고 있으며, 'ぼく'는 남동생이 형에게, 손자가 할아버지에게, 조카가 고모에게 사용하고 있는 것으로 나타났다. 연령의 사용 제한이 없으며, 화자가 모두 남성으로 나타나므로 젠더의 구분이 확실하다고 말할 수 있다.

[2] 연인관계

(189) 僕のテゾーロは雨が降るとわがままを言うからね (3Bf→ 2Gf, 冷 – 1)

(190) 僕は、ある女性と戀に落ちてしまった。(3Bf→3Gf, ロン)

(191) 僕、睨まないでください。(2Bf→3Gf, ロン)

(192) 俺、おもしろいからしばらく朝倉さんになろうかな。(2Bf→3Gf, ロン)

(193) 兩親と僕の三人家族。櫻井は？(1Bf→1Gf, GO)

(194) 俺はー、僕は日本人じゃないんだ。(1Bf→1Gf, GO)

(195) ボ、ボクは、誓うよ。ご、五十年後の君を、いまと変わら

---

71) 미즈모토(水本光美: 2004)에서는 현재 일본에서의 일상적인 담화에서와는 달리 TV드라마나 소설 속에서 의도적으로 여성이 여성다운 표현을 하는 것을 '젠더 필터: gender filter'라는 용어를 사용하여 설명하고 있다. 이는 작가의 연령과 여성은 여성다운 표현을 써야 한다는 의도에서 기인한 것이라고도 할 수 있을 것이다.
『テレビドラマにおける女性言葉とジェンダーフィルター』일본어젠더학회지5호 참조.

ず愛してる (4Bf→3Gf, 101)

(196) 駄目だ。避妊をしないならぼくはできない。(2Bf→2Gf, 冷-2)

연인관계에서는 (191), (192)에서 알 수 있는 바와 같이 20대 남성화자가 30대 여자애인에게 자기 자신을 가리켜 '봇く·おれ'를 사용하고 있다. 그리고 (193), (194)에서도 마찬가지다. (194)에서는 10대 남성화자가 10대 여자애인에게 자기 자신을 가리켜 'ぼく' 또는 'おれ' 두 가지로 한 번의 담화에서 혼용하고 있다.

[3] 선후배 관계

(197) 俺たちは速く走れなきゃダメなんだ。(1MaSn→1MaJn, GO)

(198) ……ま、まあ、いい曲だからね。それに、ボクらには關係ないさ、そんなの(4MaSn→2FeJn, 101)

(199) ボクならかまわないよ。それに、少し一人で飮みたい氣分なんだ。(4MaSn→4MaJn, 101)

(200) そうですか。ボクなんか、逆に一人でいると、無性に人戀しくなっちゃいますけどねえ。(4MaJn→4MaSn, 101)

(201) 僕はあまりに僕自身に馴れすぎてますからね。(1MaJn→2MaSn, ノル)

(202) ねえ、ワタナベ君さ、ぼ、ぼくはこういうのあまり好きじゃないんだよ。(2MaSn→1MaJn, ノル)

(203) それは、僕、男だからわかんないな。(3MaSn→3FeJn, ロン)

(204) 僕が面白かったのはね、(2MaSn→2FeJn, ロン)

(205) 俺のそばにいろ。(2MaSn→2FeJn, ロン)

(197)～(205)의 선후배 관계에서도 남성만이 'ぼく・おれ'를 사용하고 있는 것으로 나타난다. 'ぼく・おれ'는 10대에서 40대의 남성이 선배가 후배에게 후배가 선배에게 제약 없이 보편적으로 사용하고 있다.

(204), (205)에서는 20대의 선배가 20대의 후배 료코에게 처음엔 자신을 'ぼく'로 칭했다. 그러나 후배를 사랑하게 되면서 'ぼく'에서 'おれ'로 호칭의 코드스위칭72)이 일어난다. 이와 같이 일본어의 인칭대명사는 자신을 지칭할 때 장면에 따라 달리 사용할 수 있는 특징을 가지고 있다고 할 수 있겠다.

[4] 동년배 관계

(206) あんなとこを見られて、今更言い譯をするつもりはないけど、
      僕は高梨はきらいだ。(2MaFr → 2MaFr, 冷-2)

(207) 僕は宮本っていうんだけど。(1MaFr → 1MaFr, GO)

(208) 多分、俺が紹介した女の子なんだ。(2MaFr → 2MaFr, ロン)

(209) 僕の方はまだ七ヶ月あるからゆっくり準備するよ。(1MaF →
      1FeFr, ノル)

(206)～(209)는 남성 동년배 관계이며 (209)는 남성과 여성 동년배 관계의 담화이다. 이 경우에도 화자인 남성은 상대방의 성별에 관계없이 자신을 'ぼく・おれ'로 지칭하고 있다.

이상에서 분석해 본 일본어의 1인칭대명사에 나타나는 젠더표현을 정리한 것이 <표4-17>이다.

---

72) 코드스위칭(code switching)은 화자와 청자 간에 신분, 성별, 출신, 친소 등의 요소에 의하여 화자가 용어를 바꾸거나 문체를 바꾸는 것을 의미한다.

<표4-17> 일본어 1인칭대명사의 사용

구분	화자와 청자의 관계	사용 인칭대명사
부모·자녀	F→S, D	わたし・おれ
	M→S, D	あたし
	S, D→F, M	おれ・あたし
형제	Eb, Es→Yb, Ys	おれ・わたし・あたし
	Yb, Ys→Eb, Es	おれ・ぼく/わたし・あたし
부부	H→W	わたし
	W→H	わたし・あたし
연인	Gf→Bf	わたし・あたし
	Bf→Gf	おれ・ぼく
선배→후배	Fe→Fe, Ma	わたし・あたし
	Ma→Fe, Ma	おれ・ぼく
후배→선배	Fe→Fe, Ma	わたし・あたし
	Ma→Fe, Ma	おれ・ぼく
동년배	Fe→Fe, Ma	わたし・あたし
	Ma→Fe, Ma	わたし・おれ・ぼく

이상에서 일본어 1인칭대명사에 대하여 살펴보았다. 본고의 서론 부분에서 '인칭대명사의 중성화'에 대해서도 거론할 것을 언급하였으나 소설의 용례에서는 여성의 'ぼく, おれ'의 사용을 찾아볼 수가 없었다. 비록 본고의 용례에서는 나타나지 않았으나 현대일본어의 현상을 엿보기 위해 '언어의 중성화' 문제에 대해서 다음과 같은 선행 연구 업적들을 소개하고자 한다.

다나카(田中澄江: 1964)는 'ぼく・おれ'를 사용하는 '모던걸(モガ)'에 대해 다음과 같이 서술하고 있다.

모던 걸의 하나의 특징은 남성을 'キミ: 너', 자신을 'ボク: 나'라고 말하기도 했던 것 같다. 모던, 즉 근대를 나타내는 것은 남자도 여자도 동격이라는 평등

의식하에 여자가 남자의 말을 사용하기도 했던 것이다. (중략) 스무 살이 넘어
서 나도 학교 친구들 사이에서 'キミ, ボク'라고 장난치듯 사용하게 되었다.[73]

위의 인용문은 당시의 여성들이 '자유에의 동경', '남성으로부터
해방하려는 강한 의지를 갖고 있었음을 알 수 있다. 그러나 눈앞
에 펼쳐진 사회적 분위기는 여성에게 그런 사치스러운 여유를 갖
게 하지 못하였다. 여성은 여전히 모든 '행동'이나 '말'의 짜인 틀
을 벗어나지 못하도록 강요받고 있었다. 그러나 여성의 말이 남성
의 말에 접근하고, 남성의 말이 여성의 말로 접근하는 경향은 전후,
바로 나타나기 시작하여 50년대, 60년대, 70년대로 진행되어 갔다.

주가쿠(壽岳障子: 1979)는 여성이 '남성어'를 자신의 것으로 사
용하는 것을, 즉 남성의 말을 빼앗는다는 의미로 '말 뺏어가기(こ
とばジャック)'라는 표현으로 오히려 긍정적으로 보고 있다. 또한
남성과 여성의 인칭대명사가 동일하다고 하여 거칠다거나, 난폭하
다고 생각하는 것은 편견의 일종이라고 서술하고 있다.

또한 스즈키(鈴木千壽: 2002)에서는 언어 의식상의 '언어의 중성
화'의 양상에 대하여 문제 제기를 하며, 중성화를 촉진하는 요소로
서 남성이 '남자의 말을 사용하지 않는 것이 그 원인이라고 지적
하였다. 이는 여성이 'ぼく・おれ'를 사용하게 되는 것과 같은 맥
락이라고 생각된다.

---

73) 일본 문장은 다음과 같다.
　　モガの一つの特徴は、男をキミとよび、自分をボクと言ったりすることであったよう
　　だ。モダーンすなわち近代をあらわすのは男も女も同格という平等意識の下に、女が
　　男のことばをつかったりしたものであろう。(中略)二十歳すぎると、わたくしも学校友
　　達の間でキミ、ボクなどとたわむれに使うようになった。

엔도(遠藤織枝: 2001)에서도 여성이 'ぼく・おれ'를 사용하는 언어의 중성화 현상에 대하여 보고하고 있다. 엔도는 대학생들에게 설문조사(여학생 136명, 남학생 50명)를 실시하여 그 결과를 분석하였다.

> 'オレ'사용이 상당히 있다고 하는 것. 더욱이 주의의 간섭이 절대적인 것이 아니라는 것, 학생들의 긍정적인 의견이 부정파를 훨씬 상회하고 있는 것을 알았다. 종래는 'ボク' 사용에 대해 강한 간섭이 있었으며, 그 결과 어른이 되면 사용하지 않게 되었는데, 어른이 되어도 계속 사용하는 사람이 늘고 있는 변화를 보이고 있다. 'ボク'뿐 아니라 'オレ'의 사용도 확산되고 있는 실태이다. 그리고 학생들의 목소리에서 알 수 있는 바와 같이 언어의 성차가 존재한다는 것에 대한 의문, 비판을 파악할 수 있다.74)

이러한 'ぼく・おれ'의 사용의 흐름은 요즘 젊은이들에게 인기를 끌고 있는 대중가요의 노래 가사 등의 영향도 생각할 수 있다. 하마자키(浜崎あゆみ)의 노래 「SEASONS」에서는 '幾度巡り巡りゆく 限りある季節の中に 僕らは今生きていて'라고 노래 부르고, 「evolution」에서는 'そうだね僕達新しい時代を迎えたみたいで奇跡的かもね'라고 자신을 'ぼく'로 지칭하고 'わたし'라고는 지칭하지 않는다.75)

---

74) 일본어 문장은 다음과 같다.
'オレ'使用がかなりいること、さらに、周囲の干渉が絶対的なものではないこと、学生たちの肯定的な意見が否定派をはるかに上回っていることがわかった。従来は、'ボク'使用に対して強い干渉があり、その結果、大人になれば言わなくなっていたが、大人になっても言う人が増えていることへの変化。'ボク'だけから'オレ'にも広がっている実態。そして、学生たちの声でわかるように、ことばの性差があることへの根本に迫る疑問、批判が読み取れる。

75) 오치아이(落合恵子: 2001)에서는 J-pop에서 남자는 여자를 주로 'きみ'라고 부르며, 최근에는 여자가 남자를 'きみ'라고 부르는 노래도 조금씩 등장하고는 있다고 한다. pp.70~71.

4.2.2. 2인칭대명사

『これからの敬語』에서는 'あなた'를 2인칭대명사의 표준형으로 정하고 사용하기를 권고하고 있으나 실제 담화에서는 그렇지 않다. 특히 남성은 'おまえ·きみ'를 주로 사용하고 있는 현상이다.

여성은 2인칭대명사의 경우 여성이 주로 사용하는 호칭은 없다. 그러나 'あなた'의 사용범위는 남성의 사용 폭보다 넓다. 따라서 여성은 여성에 대해서도 남성에 대해서도 'あなた'를 사용한다. 즉 연인 혹은 친구인 남성, 여성에 대해서 연장자이건 연소자이건 'あなた'라고 부른다. 가족 가운데 연소자를 부를 때, 즉 엄마가 자녀에게, 언니가 여동생·남동생에게 'あなた'를 사용한다.

시바(芝元一: 1974)에서는 인칭대명사의 남녀 차를 현대소설의 대화문의 용례를 중심으로 연구 결과를 발표하였는데, 2인칭대명사의 사용례를 살펴보면 다음과 같다.

남성: きみ(약 60%) → おまえ(약 20%) → あなた → あんた
여성: あなた(약 75%) → あんた(약 10%)

엔도(遠藤織枝: 2000)는 드라마 대본의 남녀 대화에서 2인칭대명사의 사용현상을 다음과 같이 <표4-18>로 나타내고 있다. 인칭대명사의 사용보다는 이름을 부르는 경우가 많은 것을 알 수 있다.76)

---

76) 가네마루(金丸芙美: 1993)에서는 부부의 상호호칭의 사용에 대해 다음과 같이 서술하고 있다.
부인→남편: おとうさん(66%), パパ(7%), 名前+さん(7%), あなた(6%), とうさん(4%), 愛称(3%), あんた(3%), おとうちゃん(2%), とうちゃん(1%), おめさん(1%), おど(1%)
남편→부인: おかあさん(38%), 名前(37%), おい(17%), かあさん(5%), 愛称(5%), おまえ(3%), かあちゃん(2%), ママ(2%), おかあちゃん(1%), おっか(1%), おかあ(1%), かあ

<표4 - 18> 인칭대명사의 사용현상(異性 間)77)

	杏子→ 東二(407발화)	東二 → 杏子(385발화)
あなた	3	1
あんた	0	8
お前さん	0	1
お前	0	12
이름만	<東二> 49	<杏子>9
계	52	31

<표4-19>는 소설에 나타난 2인칭대명사의 용례 수를 나타낸 것이다. 여성이 가장 많이 사용하고 있는 2인칭대명사는 'あなた'이며 남성이 가장 많이 사용하고 있는 2인칭대명사는 'おまえ'로 나타났다. 이는 남성의 경우, 위에 제시한 시바의 연구와는 조금 다른 양상을 보이고 있다. 'きみ'의 사용이 'おまえ'의 사용보다 월등이 많은 비중을 차지했으나, 1990에서 2000대의 소설에서는 'きみ'의 사용보다 'おまえ'의 사용이 많아진 것을 알 수 있다. 여성의 경우는 'あなた'의 사용이 가장 많으며, 'あんた'의 사용비율도 현저히 늘어난 것을 알 수 있다.

<표4-19> 일본어 2인칭대명사의 용례 수(%)

인칭대명사 성별	あなた	あんた	おまえ	きみ	てめえ
남	32(11.1)	12(4.2)	133(46.2)	102(35.4)	9(3.1)
여	103(58.9)	59(33.7)	7(4.0)	4(2.3)	2(1.1)
계	135(29.2)	71(15.3)	140(30.2)	106(22.9)	11(2.4)

(1%), おめえ(1%), あんた(1%), ユー(1%), 名前＋ちゃん(1%)

77) 엔도(遠藤織枝: 2000)「人気ドラマの話ことばにみる性差」『ことば』21号 p.15.

4.2.2.1. あなた, あんた

'あなた'는 영어의 'you'와 같이 상대방의 연령, 지위, 성별, 직업, 신분 등에 관계없이 폭넓게 사용되지는 못하며 손아랫사람에게 쓰인다. 'あなた'의 역사적 변천을 살펴보면, 저쪽이라는 지시대명사로 출발하여 에도 중기에 이르러서는 손윗사람에 대한 인칭대명사로 정착하였다. 근세에 이르러서는 'おまえ'를 대신하여 최고 단계의 경의를 나타내는 2인칭대명사였으나 근세 말기에는 대등하게 사용되는 예도 보인다. 타이쇼, 쇼와 초기까지는 비교적 높은 경의를 보였으나 오늘날에 이르러서는 상위자에 대해서는 그다지 사용하지 않는다. 따라서 상위자에 대해서는 '-さん', '-部長', '-先生'와 같이 이름 또는 직위 명을 사용하는 경우가 많다.

스즈키(鈴木孝夫: 1973/1995)는 'あなた'는 손윗사람에게 쓰기 어려우며 구미어에 비해서 인칭대명사의 수가 많다고 하나 실제로 그다지 사용되지 않고 가능한 한 인칭대명사의 사용을 피하고 무언가 다른 말로 회화를 진행해 가는 경향이 분명하다고 지적하고 있다. 상대방을 부를 때에는 2인칭대명사 이외에 성 또는 이름을 부르거나 성 또는 이름에 'さん, ちゃん, くん'을 붙여서 말한다. 그 외에 직위 명, 친족 호칭 등을 사용하게 된다. 그리고 친하지 않은 사람과 대화할 때 'あなた'는 그다지 사용하지 않고, 'ねえ', 'あのう', 'ちょっと', 'すみません(すいません)' 등으로 부르고 있다. 이와 같이 일본인의 언어생활에는 가능한 한 인칭대명사를 사용하지 않고 담화하려는 경향도 엿보인다.[78]

---

78) 미와(三輪正: 2001)는 다른 측면에서 인칭대명사를 사용하기 꺼리는 또 하나의 요인으로 'モーラ数'를 지적하고 있다. 중국어, 유럽의 제 언어에서는 단수의 1인칭, 2인칭 대명사

'あなた'가 표준적인 2인칭대명사로서 'あんた, おまえ, きみ' 등과 비교해서 대우가치가 높은 정중한 표현이라고 하지만 'あなた'를 하위자가 상위자에 대해 사용할 수는 없다. 상위자에 대해서는 직위나 '부인, 손님' 등 입장을 나타내는 호칭이 사용되는 경우가 많으나, 이것도 장면이나 상대에 따라 사용하기 쉽지는 않다. 따라서 이와 같은 제약으로 2인칭대명사를 사용하지 않고 담화를 이끌어 가는 경향이 많은 것이다. 분석 결과 'あなた'의 사용은 남성은 32례(11.1%), 여성은 103례(58.9%)를 나타내고 있으며, 'あんた'는 남성은 12례(4.2%), 여성은 59례(33.7%)로서 'あなた', 'あんた'의 사용 면에서 여성의 사용이 월등히 많은 것으로 나타났다.

[1] 가족관계

(210) あなたは日本の大學で日本文學を學んだって。(2Ys → 2Es, 冷-1)

(211) あなたのお兄さんはどこにもいないのよ。(3Es → 2Yb, ロン)

(212) どういうこともこういうこともないの。あなたたちもそのつもりで (5M → 2S, 元カ)

(213) おかしなこというわね、あなた、自分のせいだって考えたことないでしょう…… (5W → 5H, 家族)

(214) あなたが選んだ仕事は芸術を單に蘇らせるだけの魔法使いのような仕事ではないはずよ。(5A → 2MaC, 冷-2)

의 주어형은 거의 1拍語인 데 반해 일본어는 2拍語(ぼく, おれ, きみ), 4拍語(わたくし, あたくし), 'あなたさま'는 5拍語가 된다. 'モーラ数'가 많아지면 호칭의 정중한 느낌도 있지만 커뮤니케이션의 상해요인으로 능장한다.

(215) <u>あんた</u>いったいいくつになったのよ。(5M → 2D, 家族)

(216) <u>あんた</u>もやってたの。(2W → 2H, ヤン)

'あなた'는 가족 관계에서는 주로 여동생이 언니에게, 누나가 남동생에게, 엄마가 아들, 딸에게, 부인이 남편에게 사용하고 있다. 연령의 제약이 없이 사용되며 2인칭대명사 가운데 비교적 젠더의 구분 없이 사용된다.

'あんた'는 (215)와 같이 어떤 일에 대해 따질 때 사용하며, 부인이 남편에게도 사용하는 것으로 나타났다.

[2] 연인관계

(217) <u>あなた</u>はアンジェラとでかけたらどうかなと思って (2Gf → 3Bf, 冷-1)

(218) 荷物は、<u>あんた</u>がいない時に、取りに來ますから! (3Gf → 2Bf, ロン)

(219) <u>あなた</u>に會えるなんて思えなかった。(2Bf → 2Gf, 冷-1)

(220) 實は、<u>あなた</u>に謝らなければならないことがあるんです。(3Gf → 4Bf, 101)

(221) いま、<u>あなた</u>とこうして一緒にいられることのほうが重要なんですから。(4Bf → 3Gf, 101)

(222) どんなに會いたかったっか、もしかして<u>あなた</u>にもわかってもらえないかもしれないくらい (2Gf → 2Bf, 冷-2)

(223) 嬉しいわ、<u>あなた</u>とまた一緒に行けて (3Gf → 5Bf, 失樂)

(224) <u>あなた</u>はわたしの氣を惹きたくないの？(1Gf → 1Bf, GO)

(225) あなたを感じるわ。(2Gf → 3Bf, ベット)

(226) あんたの肌って本当にエボニね。(2Gf → 3Bf, ベット)

연인관계에서는 'あなた, あんた'를 사용하고 있으며, 남성보다는 여성이 더 많이 사용하고 있음을 알 수 있다. 연인관계에서 'あんた'의 사용은 서로 다툴 때에 사용하거나(218), 더욱더 친근감이 느껴지는 장면(226)에서 사용하고 있다.

[3] 선후배관계

(227) あんたの頭ン中ってどうなってんのよ。(3FeSn → 2FeJn, ロン)

(228) ねえ、永澤さん。ところであなたの人生の行動規範っていったいどんなものなんですか？(1MaJn → 2MaSn, ノル)

선후배관계에서는 'あなた'의 용례가 많지 않으나 여자 선배가 여자후배에게, 남자후배가 남자 선배에게 사용하고 있다.

(227), (228)에서는 친숙한 사이의 상대에게 흥분하였을 경우이거나 강조, 질책 경멸하는 경우의 어조로 쓰이고 있다.

[4] 동년배관계

(229) あなたはそこにいて (2FeFr → 2MaFr, 冷-1)

(230) いや、あなたとは關係ないことだ。(5MaF → 5MaFr, 失樂)

(231) あなた、男と女のこと、まだなあんにもわかっちゃいないようね。(2FeFr → 2FeFr, 元カ)

(232) ねえ、あなた嘘つく人じゃないわよね？(2FeFr → 2MaFr, ノル)

(233) <u>あんた</u>自身どう思ってるの？産んだほうがいいのか、それと
　　　もおろすべきなのか？(2FeFr → 2MaFr,ヤン)

'あなた，あんた'의 동년배관계에서의 사용은 남성보다는 여성의
사용이 돋보인다. 동년배관계에서 'あんた'는 위에 나타난 용례를
중심으로 살펴보면 따지거나 경멸하는 말투로 사용되기도 한다.

4.2.2.2. おまえ(お前)

'おまえ'는 근세(에도시대) 이전까지 남녀 모두가 상위자에 대해
존경어로 쓰이던 것이다. 현대에 와서는 그 대우성이 점점 줄어들
면서 손아랫사람이나 동년배나 동등한 신분 관계의 상대에게 주로
사용되며 주로 남성어로 사용된다.[79]
　'おまえ'의 사용범위는 남성이 동년배나 하위자에게 친밀한 어감
을 나타내는 데 사용하며, 남성이 동년배 사이에서나 동료인 남성
에게 친근감을 표시하려고 할 때 사용한다. 그리고 남편이 자기
처를 부르는 호칭으로 쓰인다. 그러나 부인이 남편에게 대해서는
'あなた'를 사용한다.
　분석결과 'おまえ'의 남성의 사용은 133례(46.2%), 여성의 사용은
7례(4.0%)로 나타났다. 남성의 사용이 월등히 많은 것으로 나타났다.

---

79) 고바야시(小林美惠子: 1990)에서는 吉本バナナ의 소설『うたかた』에서 초대면의 사람
　　에게 'おまえ'를 사용하고 있는 장면을 서술하고 있다.

[1] 가족관계

(234) <u>おまえ</u>はどこの國を買いたい？(4F → 1S, GO)

(235) <u>おまえ</u>だって、毎朝、卵燒きと納豆じゃないか。(5F → 2S, 元カ)

(236) 彼は、絶對<u>おまえ</u>を幸せにするって言ったのに、約束を破ったんだから……. (5F → 3D, 101)

(237) <u>おまえ</u>は、あの家を出てオレんとこに嫁に來たんだ。(5H → 5W, 元カ)

(238) 元氣出せ？<u>おまえ</u>に言われるすじあいなんかないぞ。(4Eb → 2Yb, 101)

(239) 何を言ってる。<u>お前</u>は異國で生きとるんだ。(6Gr → 2Gs, 冷-2)

(240) <u>おまえ</u>な、どっからその自身出てくんだよ ……. (2Eb → 2Yb, 元カ)

'おまえ'는 가족관계에서 주로 남성이 사용하고 있는 것을 알 수 있다. (234)~(240)에서는 아버지가 아들, 딸에게, 남편이 부인에게, 형이 남동생에게, 할아버지가 손자에게 사용하고 있다. 이와 같이 연장자가 하위자에게 사용하는 것이 일반적이다. 그러나 부부관계에서 남편이 부인에 대해 'おまえ'를 사용하고 있다.

[2] 연인관계

(241) <u>お前</u>さあ、キャベツどうした？(2Bf → 3Gf, ロン)

(242) <u>お前</u>が仕事に行くまでパーティしようとおもってよ。(3Bf → 2Gf, ベット)

(243) そうだよ。<u>おまえ</u>、ヘンなこと言うなよ。(3Bf → 2Gf, 元カ)

연인관계에서는 (241)~(243)에서 보이는 바와 같이 남성 화자가 자신의 애인에 대하여 'おまえ'로 사용하고 있어서 젠더가 확연히 나타나고 있음을 알 수 있다.

[3] 선후배관계

(244) おまえ、クルパーだな。(1MaSn → 1MaJn, GO)

(245) じゃ、おまえに任せるよ。期限は３日だ。(4MaSn → 2MaJn, 元カ)

(246) いい、いい、おまえは知らんでもいい。(4MaSn → 3MaJn, 101)

(247) お前がこういうのを空しいと感じるなら、……(2MaSn → 1MaJn,
      ノル)

선후배관계에서는 'おまえ'의 사용은 (244)~(247)에서와 같이 남자선배가 남자후배에게 사용하고 있다. 그러나 후배가 선배에게 사용하는 예문은 나타나지 않는다.

[4] 동년배관계

(248) おまえの時と同じで灰皿だよ。(1MaFr → 1MaFr, GO)

(249) おまえが言うなら間違いないだろ。(2MaFr → 2MaFr, 元カ)

(250) それより…….おまえ、彼氏いるのか。(2MaFr → 2FeFr, 101)

(251) 違うわよ。千惠が大學で弟に會ったら、いきなり、おまえの
      ねえちゃんを見損なった、って言われたのよ。(3FeFr →
      3FeFr, 101)

(252) か、薫、おまえ…… まさか…… (3MaFr → 3FeFr, 101)

(253) 犯人の頭がよっぽど可笑しいのか、それともそうとうお前に

恨みのある奴の犯行だな。(2MaFr → 3MaFr, 冷 - 2)

(254) 仏教？いまだに大學生？本当にお前は勉强好きだな。

(2MaFr → 2MaFr, 冷 - 2)

(255) これくらいなら任せてくれ、お前には借りがある。(5MaFr

→ 5MaFr, 失樂)

(256) お前が出て行けよ。(1MaFr → 1MaFr, ノル)

(257) 順一!起きろ!おまえと哲希の出席日数が一番卒業ラインギリ

ギリなんだからな。(1FeFr → 1MaFr, ヤン)

동년배관계에서는 주로 남성이 남성에게 'おまえ'를 사용하고 있으나 30대의 여성이 친구에게(251), 10대의 여성이 남성에게(257) 사용하기도 한다. 일반적으로 'おまえ'는 남성의 인칭대명사라고 하나, 여성의 사용이 엿보인다. 'ぼく・おれ'는 소설 예문에서는 여성의 사용이 나타나지 않았으나 적은 용례이지만 'おまえ'를 여성이 사용하고 있음을 알 수 있다.

4.2.2.3. きみ

『日本國語大辭典』(2002)에 의하면 'きみ(君)'는 경의의 뜻을 나타내는 2인칭대명사이다. 上代에는 여성이 남성에 대해 사용하는 경우가 많았다고 한다. 中古 이후는 남녀 모두 사용했다. 현대어에서는 동등한 관계 또는 친밀한 손아랫사람에게 사용되는 젠더표현이다.

'きみ'의 사용을 살펴보면 남성은 102례(35.4%), 여성은 4례(2.3%)로 남성의 사용이 월등히 많은 것을 알 수 있다.

[1] 가족관계

(258) ドーランだよ、<u>きみ</u>も化粧したほうがいい。(5M → 2D, 家族)

(259) ほお？質屋か。<u>きみ</u>みたいな三流の人間にはビーズが硝子
玉で十分だがね。(5H → 5W, 家族)

(260) そうね、でもね、<u>君</u>は少しゆっくりと生きた方がいいよ。
(5A → 2MaC, 冷-2)

가족관계에서는 엄마가 딸에게, 남편이 부인에게, 고모가 조카에
게 사용하고 있다. 남편은 부인에게 'おまえ, きみ'를 사용하고 있음
을 알 수 있다. 'きみ'는 일반적으로 남성어라고 사전에 명시되어 있
으나 (258)에서는 여성도 'きみ'를 사용하고 있는 것을 알 수 있다.

[2] 연인관계

(261) <u>君</u>からということにしてくれ。(3Bf → 2Gf, 冷-1)

(262) <u>君</u>とだいたい同じ空氣を吸って、だいたい同じ食べ物を食べ
て育った。(1Bf1Gf, GO)

(263) <u>君</u>との結婚はなかったことにしてほしい。(3Bf → 3Gf, ロン)

(264) <u>君</u>がバスで手を貸してあげたばあちゃん　(3Bf → 3Gf, ロン)

(265) あ、<u>きみ</u>…… メガネ…….　(3Bf → 2Gf, 元力)

(266) どうして<u>君</u>はそんなに子供なんだい。(2Bf → 2Gf, 冷-2)

(267) なんでそこで日本の男になるの。大きな聲を出させているの
は<u>君</u>でしょ。(2Gf → 2Bf, 冷-2)

(268) 今日はとても素敵だった。<u>君</u>がもてるのがよくわかった。
(5Bf → 3Gf, 失樂)

연인관계에서는 주로 남성이 여성에 대해 'きみ'를 사용하고 있으나 여성도 남성에게 'きみ'를 사용하고 있는 예(267)가 보인다.

[3] 선후배관계

(269) いいのいいの。きみが來てから、うち、賣り上げよくなってね。

(4MaSn → 2FeJn, 元力)

(270) 君も勤續が長いし、業績に貢獻したということもないが、これといったミスもなかったしね。(5MaSn → 4MaJn, 101)

(269)~(270)의 선후배 관계에서는 남자선배가 남자후배나 여자후배에게 사용하고 있으며 후배가 선배에게 'きみ'를 사용하는 예문은 보이지 않는다.

[4] 동년배 관계

(271) 實は、僕も君と同じ≪在日≫なんだよね。(1MaFr → 1MaFr, GO)

(272) きみさ、まえの担当が外れた理由、知ってる?

(2MaFr → 1FeFr, 元力)

(273) 時間がないっていうと、君が、千惠ちゃんっていうコ?

(2MaFr → 2FeFr, 101)

(274) 君は凄いな。ここはフィレンツェでもトップクラスの工房なのに、國のバックアップもなしでよく入れたものだ (3MaFr → 2MaFr, 冷−2)

(275) あおいの前に現れた君の父親がおろすように迫った(2MaFr →

2MaFr, 冷－2)

(276) 君のことを忘れられるわけがないよ。(1MaFr → 1FeFr, ノル)

(271)～(276)의 동년배 관계에서는 주로 남성이 남자 친구에게, 남성이 여자친구에게 사용하며 여성의 사용은 보이지 않는다.

4.2.2.4. てめえ

(277) てめえ、人のことだと思って適当なことぬかしやがって
(4Eb → 2Yb, 101)

(278) ほざいてんのは、てめえのほうだろ。(1MaFr → 1MaFr, GO)

(279) てめえ、聞いただろ。それでも責任取らねえつもりか!
(1FeFr → 1FeFr, ヤン)

'てめえ'는 2인칭대명사로서 상대편에게 화가 나거나 시비를 가리려고 할 때 사용하는 속된 말이다. 'てめえ'의 사용 용례를 살펴보면 남성은 9례(3.1%), 여성은 2례(1.1%)를 나타내고 있다.

(277)은 형이 동생에게, (278)은 동년배 남자친구끼리 사용하고 있으며 (279)에서는 여성의 사용이 보인다.

<표4-20> 일본어 2인칭대명사의 사용

구분	화자와 청자의 관계	사용 인칭대명사
부모·자녀	F→S, D	おまえ(S)·おまえ(D)
	M→S, D	あなた(S)·あんた(D)·きみ(D)
	S, D→F, M	*80)
형제	Eb, Es →Yb, Ys	おまえ·あなた·あんた·てめえ
	Ys, Yb → Eb, Es	あなた(Os) 혹은 친족명칭사용
부부	H→W	おまえ·きみ
	W→H	あなた
연인	Gf→Bf	あなた·あんた·きみ
	Bf→Gf	あなた·あんた·きみ·おまえ
선배→후배	Sn→ Jn	あんた·きみ·おまえ
후배→선배	Jn→ Sn	あなた 혹은 先輩<せんぱい〉라고 부름
동년배	Fe→Ma, Fe	おまえ·あなた·てめえ
	Ma→Ma, Fe	おまえ·きみ·あなた·てめえ

4.3. 결과 및 고찰

이상과 같이 한국어와 일본어의 인칭대명사를 살펴본 결과, 다음과 같은 결론을 얻게 되었다.

첫째, 한국어는 일본어에 비하여 인칭대명사에 있어서 다양성을 보이고 있지 않다. 한국어의 1인칭대명사는 '나, 저'를 사용하고 있으나, 일본어에서는 '나, 저'에 해당하는 것으로 'わたくし, わた

---

80) 자녀는 부모에 대하여 2인칭대명사를 사용하지 않는다. 그 대신 친족명칭인 아버지, 아빠, 어머니, 엄마 등을 사용한다.

し, あたし, ぼく, おれ'로 그 어휘 수가 훨씬 많다. 2인칭대명사로
서는 한국어의 '너'에 해당하는 것으로 'あなた, あんた, おまえ,
きみ'가 주로 사용되고 있다. 물론 한국어에 있어서 '너' 이외에 2
인칭대명사로서 '자네, 당신, 임자' 등이 있으나 그 사용이 현저히
적기 때문에 비교의 대상에서 제외하였다. 일본어의 'てめえ'도 그
다지 많이 사용하지 않기 때문에 아래의 표에서는 제외하였다.

<표4-21> 인칭대명사의 한·일 비교

	1인칭		2인칭
한국어의 인칭대명사	나	저	너
일본어의 인칭대명사	わたし, あたし ぼく, おれ	わたくし	あなた, あんた, おまえ, きみ

あ, **おれ**, いや, **ぼく**…… いや, **俺, 私**…… **俺**は一体, 誰だ……
<아, 나, 아니, 나, 아니, 나, 나, 나는 도대체 누구인가>(ロン)

위의 문장은 20대 남자 신지(眞二)가 20대 여자 료코(涼子)에게
하는 말로, 두 사람은 연인 관계로 발전하고 있는 상황이다. 신지
는 당황하여 남성인 자신을 나타내는 1인칭대명사 'おれ, ぼく, わ
たし'를 사용하고 있다. 한국어에서는 '나'라는 인칭대명사 하나로
밖에 표현할 수 없다. 위의 문장에서 한국어의 인칭대명사보다 일
본어의 인칭대명사가 다양성을 보이고 있다는 것을 단적으로 확인
할 수 있다.

<그림4-1>과 <그림4-2>는 한국어와 일본어의 인칭대명사
의 사용을 남·여로 나누어 그림으로 나타낸 것이다.

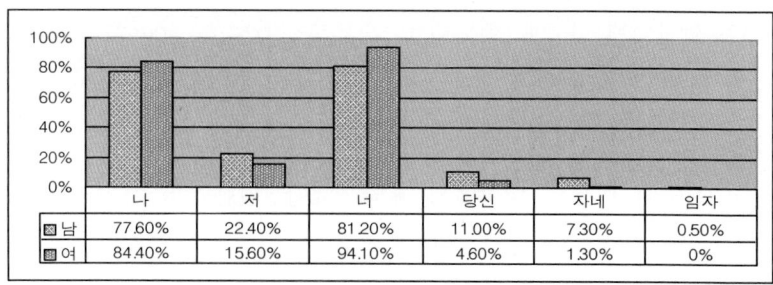

	나	저	너	당신	자네	임자
남	77.60%	22.40%	81.20%	11.00%	7.30%	0.50%
여	84.40%	15.60%	94.10%	4.60%	1.30%	0%

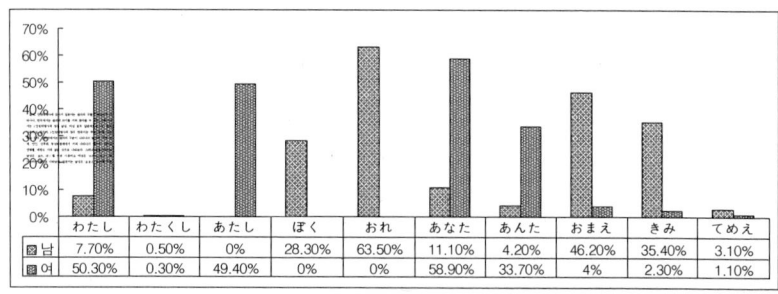

	わたし	わたくし	あたし	ぼく	おれ	あなた	あんた	おまえ	きみ	てめえ
남	7.70%	0.50%	0%	28.30%	63.50%	11.10%	4.20%	46.20%	35.40%	3.10%
여	50.30%	0.30%	49.40%	0%	0%	58.90%	33.70%	4%	2.30%	1.10%

사용하고 여성은 'あなた, あんた'를 주로 사용한다. 따라서 가족 관계, 연인, 선후배, 동년배관계에서도 한국어와 달리 다양한 인칭 대명사로 자신을 표현하고 있다.

셋째, 한국어와 달리 일본어의 인칭대명사는 젠더의 구분이 있다. 그러므로 일본어의 인칭대명사의 사용에 있어서 점차 중성화를 보이고 있다. 이는 여성(남성)이 남성(여성)의 인칭대명사를 사용하고 있다는 것으로, 일본어 인칭대명사의 하나의 특징이라고도 할 수 있겠다. 'ぼく, おれ'의 여성의 사용은 소설의 용례에서는 나타나지 않는다. 그러나 2인칭대명사인 'おまえ, きみ'에서는 중성화의 용례가 적으나마 보이고 있다. 인칭대명사의 중성화 경향은 남성, 여성이 각각 스테레오타입의 인칭대명사를 반드시 사용해야 한다는 고정관념의 틀을 벗어나려는 움직임으로 해석된다.

넷째, 한국어와 일본어의 인칭대명사의 사용에 있어서 1인칭인 '저'나 'わたくし'의 사용이 줄고 있다.[81] 한국어에서는 '나'가 738례(82%)를 보이고 있는 반면, '저'는 162례(18%)를 보이고 있다.

일본어의 경우는 'わたし'가 208례(26.8%), 'あたし'가 172례(22.2%)를 보인 반면 'わたくし'는 3례(0.4%)를 보이고 있다.

이와 같은 상황은 소설의 용례라는 한정된 부분에서의 오차도 예상되고 작가의 글쓰기 습관에서도 차이가 있을 것이라고 생각되지만 현대 한국어, 일본어의 사용 면에서 크게 벗어나는 것은 아

---

81) 가혜경(1998)에서는 일본어의 경우, 'わたくし'의 사용률은 연령이 낮아짐에 따라 점점 감소하는 경향을 보이며 특히 10대 사이에서는 거의 사용되고 있지 않음을 알 수 있다고 서술하고 있다.
또한 엔도(遠藤織枝: 1997)에서는 메이지 출생의 여성이 쇼와출생의 여성보다 'わたくし'의 사용이 월등히 많다고 조사 결과를 나타내고 있다.

니라고 생각된다. 결론적으로 한국어에서도 일본어에서도 언어사용면에서 경의표현이 감소되고 있음을 나타내고 있다고 생각된다.

다섯째, 한국어에서도 일본어에서도 1인칭대명사의 사용률은 높으나 2인칭대명사의 사용률은 낮고 2인칭대명사를 사용하는 대신 상대방의 이름이나 신분명, 친족명칭 등을 사용한다.

제5장

담화의 문말표현에
나타난 젠더

　　　　　　우리는 상대방과 대화를 나눌 때 젠
더 표시의 어떤 선택을 하게 된다. 말하자면 특히 문말표현에서
자신의 젠더에 어울리는 범위 안에서 적절한 표현을 하게 되거나
표시자체를 회피하거나 또한 의식하여 선택하지 않아도 결과적으
로 화자의 감정, 인격이나 인품, 부드러움과 난폭함, 남성다움과
여성다움 등이 나타나게 된다.

　예를 들면 화자는 언제나 같은 종류나 양의 젠더표현을 사용하
는 것은 아니다. 상대나 장면에 따라 여러 가지 변이가 있고 때로
는 그 사람의 성별이나 인격에는 걸맞지 않은 표현을 사용하는 경
우도 있을 것이다.

　젠더표현은 발화의 인지적 의미 그 자체에는 영향을 줄 수 없으
나 젠더표현의 변이에 의해서 발화의 해석은 꽤 다른 것이 될 수
도 있다.

　일본어의 예를 들어 보면 '早くしろよ(빨리 해)'라고 하는 표현
은 일반적으로 남성적이지만 이것을 여성이 사용했을 때는 '난폭
한 말로 상대를 위협하고 있다.'라든가 '농담 투로 말하여 긴장을
완화시키려 하고 있다.' 등으로 화자의 의도를 추측할 수 있다.

　有標의 젠더표현의 사용에 의해 같은 내용, 같은 요구의 언어행동이라고 해도 그 담화[82]에 있어서 발화의 의미는 보통표현을 사용한 경우와 상당히 다른 것이 될 것이다. 문체적 의미가 발화의 해석에 중대한 영향을 끼치는 것은 새삼 지적할 것까지도 없지만 젠더표현은 한·일 양 언어의 문체적 특징을 나타내는 중요한 요소의 하나이며 장면 안에서 화자의 여러 가지 의도를 나타내는 수단으로서 기능할 수 있다고 생각된다.

제5장에서는 담화의 문말표현에 나타난 젠더에 대하여 살펴보고자 한다. 본장에서는 화자와 청자와의 담화 중에서 행위를 요구하는 표현[83] 가운데 직접적 행위표현이라 할 수 있는 명령·의뢰표현을 중심으로 고찰하고자 한다. 명령은 상대방의 의지와 상관없이 행위의 실현을 요구하는 행위실현의 적극적인 요구의 표현이고, 의뢰의 표현은 화자의 요구에 대한 청자의 선택의 여지를 주는 행위실현의 소극적인 요구의 표현이라고 할 수 있겠다.

본장의 연구 범위는 4장에서 제시한 소설의 대화문을 대상으로 한다. 용례 가운데 문말에 나타난 요소만을 고찰대상으로 한다.

이들 담화의 문말표현에 있어서 화자가 청자에게 동작의 수행을 요구하는 의뢰표현과 명령표현만을 대상으로 한다.[84]

그리고 그러한 표현들이 화자의 성별과 어떻게 관련되는지를 분

---

82) 담화(談話, discourse)란 화자·청자가 한 가지 화제, 사건, 주제에 대하여 교환하는 언어 단위 혹은 두 개 이상의 문장으로 구성되어 응집성, 결속성, 의미성을 가진 언어 단위이다.

83) 화자가 청자에게 어떤 행위를 실현하도록 요구하는 뜻을 나타내는 표현을 행위요구 표현이라고 한다. 니타(仁田義雄: 1991)에서는 화자가 이야기의 상대인 청자에게 자신의 요구에 따른 행위를 실현하도록 호소하거나 힘을 미치는 <발화·전달의 모달리티>를 <働きかけ> 라고 하고 <働きかけ>라는 <발화·전달의 모달리티>를 띠며 존재하는 文, 이것을 <働きかけ文 >이라고 부른다고 하였다. 그리고 <働きかけ文 > 속에 명령을 비롯해 의뢰, 금지, 권유 등의 표현을 포함시키고 있다.

84) 문말표현에서는 '명령, 의뢰, 금지, 권유, 의지, 희망' 등의 표현을 상정할 수 있으나 필자는 남성과 여성의 표현이 잘 나타나 있는 '명령과 의뢰'로 연구의 범위를 한정시켰다.

석한다. 한국어와 일본어의 이러한 표현들이 어떻게 유사하며 어떤 점에서 차이를 보이는지 대조 분석한다.

남녀 화자는 명령·의뢰의 표현에서 어떤 문말표현을 사용하고 있으며, 다음의 가설들, 즉 남성은 단정적이며 강한 표현을 사용하고 여성은 단정적인 형식을 간접적 표현으로 나타내며 그와 같은 간접적인 표현을 하기 위해 정중한 표현, 생략표현, 반어, 억압이 약한 종조사 등을 사용한다는 것에 대해 살펴보고 이와 같은 가설이 소설의 담화 속에 어떻게 반영되어 나타나는지 고찰해 보기로 한다.

<표5-1>는 한국어와 일본어의 명령표현과 의뢰표현의 용례 수와 비율을 나타낸 것이다. 아래의 표에서 알 수 있는 바와 같이 한국어는 명령표현이 많고 일본어는 의뢰표현이 많은 것을 알 수 있다.

<그림5-1>은 한국어와 일본어의 명령표현과 의뢰표현을 남녀별로 나누어 그래프로 나타낸 것이다. 한국어에서의 명령표현과 의뢰표현은 남성과 여성의 사용이 비슷하게 나타난다.

그러나 일본어에서는 의뢰표현은 남성과 여성의 사용이 거의 동일하게 나타나고 있으나 명령표현의 경우에는 남성은 여성보다 월등히 많이 사용하고 있는 것을 알 수 있다.

<표5-1> 한국어와 일본어의 명령표현과 의뢰표현의 용례 수(%)

	한국어	일본어
명령표현	593(91.0)	163(34.8)
의뢰표현	60(9.0)	305(65.2)
합계	653(100.0)	468(100.0)

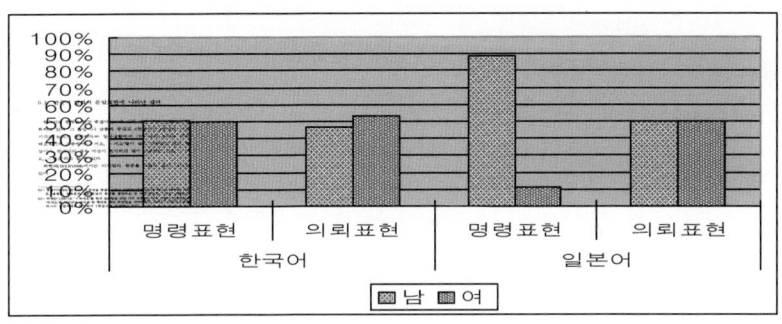

<표5-2> 종결어미의 종류

아주 낮춤(해라)	-다, -냐, -라, -자
예사 낮춤(하게)	-네, -(는)가, -게, -세
예사 높임(하오)	-오, -지요, -구려, -(읍)시다
아주 높임(합쇼)	-(읍)니다, -(ㅂ)니다, -소서, -(으십)세다
반말(등외)	-아(-어), -지

<표5-2>에서는 화자와 청자와의 관계로 보아 베풂꼴(서술형), 물음꼴(의문형), 시킴꼴(명령형), 꾀임꼴(청유형)로 문체의 유형을 나누고 있다. 이익섭·채완(1999/2003)에서는 문장의 유형에 대해 다음과 같이 서술하고 있다.[87]

> 문장은 어떤 부류의 어미로 끝맺어지는가에 따라 敍法과 문장의 종류가 결정된다. 문장의 종류는 흔히 문장 유형(sentence type)이라 부르는데 文章形이라고 불러도 좋을 것이다. 국어 문장형은 일반적으로 크게 평서문, 의문문, 명령문, 청유문으로 나눈다. 여기에 감탄문, 약속문, 허락문 등을 따로 설정하기도 하나 크게 보아 약속문과 감탄문을 평서문의 한 부류로, 허락문은 명령문의 한 부류로 보기도 한다.

윤석민(2000)에서는 현대국어의 문장 종결법을 설명법 문장종결어미, 감탄법 문장종결어미, 의문법 문장종결어미, 약속법 문장종결어미, 허락법 문장종결어미, 경계법 문장종결어미, 명령법 문장종결어미, 공동법 문장종결어미로 나누고 있다.

---

87) 이익섭·채완(1999/2003)에서는 종결어미의 종류를 다음과 같이 서술하고 있다. pp.223~224.
   (1)해라체: -다, -느냐, -니, -자, -어라, -마, -구나, -ㄹ라, -렴
   (2)반말체 어미: -거든, -게, -군, -나, -네, -ㄴ가, -데, 어, -ㄹ까, -지
   (3)하게체어미: -게, -세, -ㄹ세, -네
   (4)하오체: -오, -소, -구려, -ㅂ시다
   (5)합쇼체어미: -습니다, -습니까, -십시오
   (6)기타: -음, ㄹ 것, -라, -랴

한국어의 문말표현에서의 선행연구는 그다지 많지 않으나 다음의 연구들이 대표적인 것이라 할 수 있겠다.

임홍빈(1993)에서는 문말표현에서 연어미 가운데서도 여성 취향의 가요 가사에 흔히 나타나는 '-(는/나)가요' '-나요'형은 거의 절대적 여성어에 속하며, 남성의 경우에는 유아들을 상대로 교육하는 교육적인 장면에서나 쓰이는 일이 있을 뿐이라고 한다. 동일한 어미라도 경음이 나타나는 '-ㄹ/을까요'형은 남성도 드물게 사용한다.

이 밖에 다소 방언적인 색채를 띠는 것이나, '-우'형도 부부 사이에서 부인이 그 남편에게 사용하는 연어미의 성격을 띠는 것이며 이 또한 절대적 여성어에 가깝다고 한다.

신현숙(1993)에서는 시의 종결 형식을 통해 본 남성과 여성의 문체를 조사한 결과, 남성시인이 여성시인보다 어말 어미나 연결어미로 종결하는 경향이 높고 여성 시인이 남성 시인에 비해 명사류로 종결하는 경향이 높다고 한다.

또한 여성 시인은 '-소서'를 썼으나 남성 시인은 쓰지 않았고 남성 시인이 쓴 청자를 낮추는 명령형 '-어'나 의문형 '-ㄹ까, -냐, -랴'를 여성 시인은 쓰지 않았다. 이와 같은 차이는 한국사회에서의 남성 시인과 여성시인의 지위와 힘이 다른 데서 빚어진 것으로 생각되며, 남성 시인과 여성 시인의 문체가 다른 것으로 인지하게 되는 동기를 부여하고 있다고 연구 결과를 정리하고 있다.

민현식(1995)에서는 종결어미에서 남녀의 어미 차로 대표적인 것이 남성은 '합쇼체'(-습니다, -습니까)를 여성은 '해요체'(-요)를 상대적으로 쓰는 점이라 한다. 또한 평서문과 접속문의 종결억양이 대체로 남성은 하강조인 데 반해 여성은 의문문의 상승조처럼 끝을 올려 발음하는 경향이 있다고 한다. 이를 레이코프는 여성이 단정어법을 꺼리는 조심성의 산물로 보았고 이 때문에 여성은 단호한 결정을 내릴 줄 모르며 자신감도 없는 존재로 보인다고 하였다. 그러므로 여성의 상승억양은 여성이 의문문, 특히 부가의문문을 자주 쓰는 것과도 관계가 있으며, 남성 지배사회에서는 의사 결정자가 남성이므로 하위자인 여성은 자기 의견을 평서법으로 단언해서 말하기가 어려워서 상위자에게 애교적으로 의향을 묻거나 확인을 하는 의문문이 많을 수밖에 없다고 지적하고 있다.

특히 해요체는 평서, 의문, 명령, 청유 등의 모든 서법에 쓸 수 있게 동일 형태로 변환이 자유롭고 간결하며 공손어법에 유리해 남녀 두루 쓰이는 것으로 보인다.

강정희(1987)에서는 그 밖에 '-거 있지'가 여성에게 더 많고, '-더라구요' '-거 같아요'도 남성보다는 여성에게 더 나타남을 알 수 있다고 보고하고 있다. 또한 '-거 같다'는 남성층에서도 널리 확산되고 있다고 한다. 주체높임의 '-시-'와 상대 높임의 '-요'가 혼합한 '-세요' '-셔요'의 경우도 '-셔요'는 여성에게 주로 보이고, 의문법에서도 '-냐?'를 주로 쓰지만 여성은 '-니?'를 쓴다고 한다.

또한 남성에게는 명령법이 많고 여성에게는 청유법이 많다는 점도 일반적으로 많이 지적되고 있다.

5.1.1. 명령표현

한국어의 명령법은 화자가 청자에게 행동하기를 요구하는 서법으로, 동사는 원칙적으로 명령형 종결어미를 취하면서 이인칭 주어를 취하지만 실제로는 주어가 생략되는 경우가 많다. 그것은 주어가 특별히 표현되지 않아도 청자가 명령문의 주어가 된다는 명령법의 특성에 의해 자연적으로 알 수 있기 때문이다.

윤석민(2000)에서는 한국어의 문말 종결어미에 나타나는 명령표현의 유형을 단일형과 합성형으로 나누었다. 단일형은 '-어라/아라, -거라, -너라, -여라, -라, -게, -오, -소, -ㅂ시오, -소서, -어/-아, -지, -도록'을, 합성형은 '-래라, -라게, -라오, -라소서, -엇/앗, -ㄹ 것'을 말한다.

아래의 <그림5-2>는 한국어 소설에 나타난 명령표현의 용례를 중심으로 남성과 여성은 각각 어떠한 명령표현을 주로 사용하고 있는가를 분석한 것이다. 용례를 분석해 본 결과 11개의 명령표현의 유형을 얻을 수가 있었다. 그 결과를 토대로 남성과 여성은 어떠한 유형을 더 많이 사용하고 있는가에 대해 순위별로 제시하고 있다.

<표5-3>에서 알 수 있는 바와 같이 명령표현의 선택에 있어서 남성화자는 '-아/어'를 가장 많이 사용하며 그 다음으로 '-아/어라'와 '-세요'를 선택한다. 한편 <표5-4>와 같이 여성 화자는 '-아/어'를 가장 많이 선택하며 그 다음으로 '-세요', '-아/어라' 순으로 나타나고 있다.

<그림5-2> 한국어 명령표현의 남·여별 사용

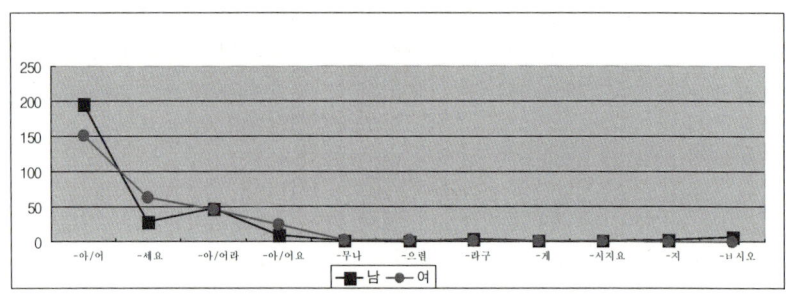

<표5-3>한국어 명령표현의 유형별 용례 수(남)

순위	유형 성별	남(%)
1	-아/어	196(65.8)
2	-아/어라	47(15.8)
3	-세요	28(9.4)
4	-아/어요	10(3.4)
5	-ㅂ시오	7(2.4)
6	-라구	4(1.3)
7	-지	3(1.0)
8	-게	1(0.3)
9	-시지요	1(0.3)
10	-무나	1(0.3)
11	-으렴	0(0.0)
합계		298(100.0)

<표5-4>한국어 명령표현의 유형별 용례 수(여)

순위	유형 성별	여(%)
1	-아/어	152(51.5)
2	-세요	63(21.4)
3	-아/어라	46(15.3)
4	-아/어요	24(8.2)
5	-무나	3(1.0)
6	-으렴	3(1.0)
7	-라구	2(0.7)
8	-게	1(0.3)
9	-시지요	1(0.3)
10	-지	0(0.0)
11	-ㅂ시오	0(0.0)
합계		295(100.0)

5.1.1.1. -아/어

(1) 됐어 그만 해. (4M → 2D, 아버)

(2) 아빠 뭐해? 빨리 올라와. (1S → 4F, 아버)

(3) 그래도 너 조심해. (3Es → 2Ys, 내이)

(4) 파스도 여러 장 사와. (2Eb → 1Ys, 외딴)

(5) 나 기다리지 말고 일찍 자. (3H → 3W, 국화)

(6) 진희야, 너도 볼려면 봐. (2A → 1FeC, 새의)

(7) 자기가 한 번 연출자에게 얘기해 봐. (2Gf → 3Bf, 사랑 I)

(8) 이젠 그만 마셔. (2FeSn → 2MaJn, 국화)

(9) 너나 잘해! (4MaFr → 4MaFr, 아버)

(10) 내 등에 업혀. 조금만 참아. (1Bf → 1Gf, 눈물)

(11) 빨리 취소해. (1Gf → 1Bf, 눈물)

(12) 그래도 들어야 돼. (3Bf → 3Gf, 무소)

(13) 그렇다고 날더러 그런 말을 하지 마. (3Gf → 3Bf, 무소)

(14) 물어 볼 게 있다면 네가 이리로 와. (1MaFr → 1MaFr, 우리)

(15) 그나저나 저녁 먹고 가. (3FeFr → 3FeFr, 무소)

명령을 뜻하는 '-아'는 '해체'의 종결어미로서 존대의 '요'와 결합하여 쓰이는 입말투이다. '-아'는 모음 'ㅏ, ㅗ'로 끝난 용언의 어간 뒤에, '-어'는 'ㅏ, ㅗ' 이외의 모음으로 끝난 용언의 어간 뒤에, '-여'는 '하다'의 어간 뒤에 쓰인다.

명령표현은 전체 593례 가운데, '-아/어'는 남성이 196례(65.8%), 여성은 152례(51.5%)로서 명령표현 가운데 가장 사용 빈도가 높다.

화자와 청자와의 관계를 살펴보면 '−아/어'는 주로 공적인 관계보다 가족 또는 친밀한 관계에서 사용되고 있다. 즉 인포멀한 장면에서 부모가 자식에게, 자식이 부모에게, 형제 사이에, 선배가 후배에게, 동년배 사이, 연인관계 등에서 다양하게 사용하고 있다.

(1)~(15)는 화자의 성별에 제약 없이 '−아/어'로 상대방에게 명령표현을 사용하고 있다.

5.1.1.2 − 아/어라

(16) 어서 <u>와라</u>. (5M → 3D, 사랑Ⅰ)

(17) 목욕은 내일 가고 집에 있다가 진희 점심이나 <u>차려줘라</u>. (5M → 2D, 새의)

(18) 그만 들어가 <u>자거라</u>. (4M → 2D, 아버)

(19) 내 한 번은 기회를 주마. 일단, 집에 한 번 <u>데려오너라</u>. (5M → 3S, 내이)

(20) 더운 물로 한 번 씻고 <u>나가거라</u>. (3A → 1MaC, 사랑Ⅱ)

(21) 삼촌 방 열쇠 좀 <u>꺼내오너라</u>. (5FeGr → 1Gd, 새의)

(22) 그래, 꼭 아나운서가 <u>돼라</u>. (1Bf → 1Gf, 눈물)

(23) 행복해라, 내 친구. 더 이상 아프지 말고 튼튼하게 오래 <u>살아</u>. (3Bf → 3Gf, 내이)

(24) 미주야, 걔 그만 좀 <u>놔줘라</u>. (2MaSn → 2FeJn, 국화)

(25) 제 놈이 꿈꾸고 있는 게 얼마나 무서운 범죄인지 확실히 <u>알려줘라</u>. (4MaFe → 4MaFe, 아버)

(26) 우선 이거 <u>봐라</u>. (담임선생 → 초등학생, 우리)

'-아/어라'는 '해라체'의 종결어미로서 '-아라'는 'ㅏ, ㅗ'로 끝난 동사의 어간 뒤에, '-어라'는 'ㅏ, ㅗ' 이외의 모음으로 끝난 동사의 어간 뒤에, '-여라'는 '하다'의 어간 뒤에 쓰인다.

'-거라'는 '해라체'의 종결어미로서 명령의 뜻을 나타내는 '-아라, 어라'와 뜻이 같되 '가다, 자다, 일어나다, 앉다' 등 일부 동사의 어간에 붙어 쓰이는 입말투이다.

'-너라'는 '해라체'의 종결어미로서 동사 '오다' 또는 '오다'로 이루어진 합성동사의 어간에 붙어 쓰인다. 입말에서는 흔히 '오다'의 어간에 명령형 어미 '-아라'가 결합된 뒤 축약된 꼴인 '와라'가 쓰인다.

'-아/어라'는 남성은 47례(15.8%), 여성은 46례(15.6%)의 사용례를 보이고 있다. '-아/어라'는 남성과 여성이 사용상의 제약을 받지 않고 사용하고 있는 것으로 나타났다. 그리고 인포멀한 장면에서 (16)~(26)에서 알 수 있는 바와 같이 엄마가 딸, 아들에게, 고모가 조카에게, 할머니가 손녀에게, 남자친구가 여자친구에게, 남성 친구 사이에서 사용하고 있다. 연령은 10대에서 50대에 걸쳐서 사용하고 있으며 특별히 젠더 구분이 나타나지 않는다.

5.1.1.3. -세요

(27) 놔 <u>주세요</u>. (2S → 5M, 새의)
(28) 제발 무선전화 좀 <u>사세요</u>. (3D → 5M, 사랑Ⅰ)
(29) 여기다 하나만 늘 넣어 <u>두세요</u>. (1MaC → 3A, 사랑Ⅱ)
(30) 여보 제발 저 여자를 저 소파에서 내려오게 하세요.

(3W → 3H, 무소)

(31) 그럼 <u>주무세요</u>. (3W → 4H, 아버)

(32) 괜찮아요, <u>드세요</u>. (2Gf → 4Bf, 아버)

(33) 앞으로 어린애라는 말은 <u>삼가세요</u>. (1Gf → 1Bf, 눈물)

(34) 다음부턴 <u>주의하세요</u>. (경비회사직원 → 30대 남녀, 내이)

(35) 너무 염려하지 <u>마세요</u>. (20대 남성 → 여자친구엄마, 눈물)

(36) 급하신 거 같은데 먼저 <u>쓰세요</u>. (부하직원 → 상사, 아버)

(37) 자, <u>앉으세요</u>. (40대 부인 → 남편의 애인, 아버)

(38) 그럼 그렇게 <u>하세요</u>. (간호사 → 40대 환자, 아버)

'-세요'는 '해요체'의 종결어미로서 선어말 어미 '-시'와 어말 어미 '-어요'가 결합된 '-시어요'가 줄어서 된 말이다. '-셔요'보다는 '-세요'의 꼴이 보편적으로 더 많이 쓰인다. 명령하거나 권유하거나 요청하는 뜻을 나타낸다.

남성(28례, 9.4%)보다는 여성(63례, 21.4%)의 사용이 월등히 많은 표현이다. (27)~(38)에서 나타난 바와 같이 화자와 청자의 관계를 살펴보면 자녀가 부모에게, 부인이 남편에게, 남자 조카가 고모에게, 여자친구가 남자친구에게 사용하고 있다.

그 밖의 관계에서는 초대면의 경비회사직원이 고객에게, 간호사가 환자에게 사용하고 있으며 대체로 포멀한 장면에서 '-아/어요'보다는 청자대우가 높으며, '-십시오'를 대신해서 간편하게 사용되고 있는 것으로 나타났다.

5.1.1.4. -아/어요

(39) 걱정하지 마시고 필요하시면 전부 쓰셔도 <u>돼요</u>. (4W → 4H, 아버)

(40) 거기 있으니까 <u>나와요</u>. (4Gf → 2Bf, 사랑Ⅱ)

(41) 일어났으면 <u>씻어요</u>. (3Bf → 2Gf, 내이)

(42) 댁도 나 바보 취급하는 것 <u>그만둬요</u>. (2Gf → 3Bf, 내이)

(43) 난 신경 쓰지 <u>말아요</u>. (4Bf → 2Gf, 아버)

(44) 내 말 너무 야속하게 듣지 <u>말아요</u>. (남자친구누나 → 30대여성, 무소)

(45) 정 기사님 필림 <u>받아요</u>. (30대 여의사 → 방사선 기사, 국화)

(46) 당장 이 환자 퇴원시켜 <u>버려요</u>. (40대 남자의사 → 간호사, 아버)

'-아/어요'는 '해요체'의 연결어미로서 어미 '-아'와 존대의 '요'가 결합한 말이다. 의미는 완곡하거나 덜 강압적으로 명령하는 뜻을 나타낸다.

'-아/어요'는 남성의 사용례는 10례(3.4%) 여성의 사용례는 24례(8.2%)로서 여성이 남성보다 더 많이 사용하고 있다는 것을 알 수 있다. 여성은 명령표현에서도 남성보다는 좀 더 완곡하고 덜 강압적인 표현을 사용하고 있다는 것을 알 수 있다.

(39)~(43)과 같이 부인이 남편에게 사용하며, 남자친구가 여자친구에게, 여자친구가 남자친구에게 사용하고 있다. (44)~(46)의 그 밖의 관계에서는 화자는 주로 손윗사람, 연장자이고 청자는 손아랫사람, 지위가 화자보다 낮거나 하는 현상을 보이고 있다. 즉 남자

친구 누나가 동생의 여자친구에게, 여의사가 직원에게, 남자의사가
간호사에게 사용하고 있는 것으로 나타났다.

5.1.1.5. -ㅂ시오/십시오

(47) 오케이. 손님. 천천히 앞으로 <u>다가오십시오</u>. (패스트푸드 점
　　　원→ 손님, 30대 남자, 사랑Ⅰ)
(48) 그럼 저에게 <u>하십시오</u>. (신부님→ 40대 의사, 아버)

　'-ㅂ시오'는 '합쇼체'의 종결어미로서 공손하게 명령이나 권유
하는 뜻을 나타낸다. 명령을 나타내는 '-ㅂ시오'에 주체 높임의
선어말어미 '-시-'를 더하여 듣는 이를 더 높인다.
　'-ㅂ시오/십시오'는 여성 화자의 예문은 보이지 않았고 남성 화
자의 용례만이 7례(2.4%)가 보인다. (47)은 패스트푸드 점원이 손
님에게 하는 발화이며, (48)은 고해성사를 보러온 초대면의 남자와
신부님의 담화이다. '-ㅂ시오/십시오'는 포멀한 장면이나 초대면
의 장면에서 사용되는 문말형식이라 할 수 있겠다.

5.1.1.6. -라구

(49) 버스타지 말구 꼭 택시 타고 <u>나오라구</u>. (3H→ 3W, 사랑Ⅰ)
(50) 그러니까 <u>사과하라구</u>! (3Bf→ 2Gf, 내이)

　'-라구'는 '해체'의 종결어미로서 '-라고'가 표준어이나, 입말
에서는 '-라구'로 발음된다. 명령의 의미로 쓰이기도 한다. 남성

의 사용이 4례(1.3%), 여성의 사용이 2례(0.7%) 보인다. (49), (50)
은 남편이 부인에게, 남자친구가 여자친구에게 사용하고 있다. 화
자와 청자는 부부, 애인 사이로 인포멀한 장면에서의 대화이다.

5.1.1.7. — 지, — 시지요, — 게

(51) 네가 주인공이란 걸 항상 <u>명심해야지</u>. (선생님 → 초등학생, 새의)

(52) 학생! <u>그만하지</u>. (이 선생 → 대학생, 새의)

(53) 하시고 싶은 말씀을 <u>하시지요</u>. (30대 여성 → 남자친구누나, 무소)

(54) 마지막으로 다시 한 번 말합니다. 그 손 <u>놓으시죠</u>. (30대 남
　　성 → 애인의 옛 남자친구, 내이)

(55) 가게! 다들 내 집에서 <u>나가게</u>. (60대 노인 → 동네 사람들,
　　사랑Ⅱ)

'— 지'는 '해체'의 종결어미로서 존대의 '요'와 결합하여 쓰이며,
입말투이다. 명령표현에 쓰이며 의미는 상대방의 행동이 꼭 일어나
길 바라면서 다지어 말할 때에 사용한다. 여성 화자의 예문은 보
이지 않고 남성의 화자의 용례가 3례(1.0%) 보인다. (51)은 선생님
이 제자에게, (52)는 연장자와 손아랫사람과의 대화이다.

'— 시지요'는 어미 '지'와 존대의 '— 요'가 결합한 말로 입말투
이다. 동작을 나타내는 동사의 어간에만 붙어 쓰인다. 명령문에 쓰
이어 상대방에게 어떤 행동을 하기를 공손하게 요구하는 뜻을 나
타낸다. 주로 행위의 주체를 존대하여 '— 시지요'의 꼴로 쓰인다.

(53), (54)에서는 '— 시지요'가 초대면의 장면에서 주로 사용되고

있다. (55)의 '-게'는 '하게체'의 종결어미로서 대명사 자네나 여보게 등과 같이 쓰인다. 사용례는 남성이 1례(0.3%), 여성이 1례(0.3%)를 나타냈다.

5.1.1.8. -무나, -(으)렴

(56) 너도 한잔 <u>마시려무나</u>. (6F → 3D, 무소)

(57) 그럼, 넌 벗고 <u>살려무나</u>. (3A → 1MaC, 사랑Ⅱ)

(58) 내터 회사에 <u>나오렴</u>. (2FeSn → 1FeJn, 외딴)

(59) <u>먹으렴</u>. (미술선생님 → 제자, 형민, 사Ⅱ)

'-무나'는 '해라체'의 종결어미로서 완곡하게 명령하거나 요구하는 뜻을 나타낸다. 사용례는 그다지 많지 않으나, 여성(3례: 1.0%)이 남성(1례: 0.3%)보다 사용례가 많다. (56)은 아버지가 딸에게, (57)은 고모가 남자조카에게 하는 발화로서 대체로 연장자가 아랫사람에게 사용하고 있다. (58)~(59)의 '-으렴'은 '해라체'의 종결어미로서 '-려무나'보다 친근한 입말투이다. 완곡하게 명령하거나 요구하는 뜻을 나타낸다. 남성의 사용은 보이지 않고 여성이 사용만이 3례(1.0%) 보인다.

이하 한국어의 문말 종결어미를 중심으로 살펴본 명령표현의 사용현상을 정리한 것이 <표5-5>이다.

<표5-5> 한국어 명령표현의 사용

구분	화자와 청자의 관계	사용 명령표현
부모·자녀	F, M→S, D	-아/어, -아/어라, -무나
	S, D→F, M	-아/어, -세요
형제	Eb, Es→Yb, Ys	-아/어,
	Yb, Ys→Eb, Es	-아/어
부부	H→W	-아/어, -라구,
	W→H	-아/어요, -세요
연인	Gf→Bf	-아/어, -아/어요, -세요
	Bf→Gf	-아/어, -라구, -아/어요,
선배→후배	Sn→Jn	-아/어, -아/어라, -으렴
후배→선배	Jn→Sn	-세요
동년배	Fr↔Fr	-아/어, -아/어라

5.1.2. 의뢰표현

일상생활에 있어서 사람은 커뮤니케이션을 원활히 행하기 위해
서 여러 장면에서 여러 가지 궁리를 하게 되는데 특히 상대에게
의뢰를 하는 장면에서는 가능한 상대에게 부담이 되지 않도록, 또
한 실례가 되지 않도록 배려를 하게 된다.

의뢰라는 것은 화자가 자신을 위해서 어떤 행위를 하도록 청자
에게 부탁하는 행위이다. 거기에서는 청자는 다소간의 희생을 하게
되며, 화자는 이익을 얻게 되며 결국 청자는 손해를 보게 되는 경
우가 일반적이다. 의뢰를 하는 장면에서 실제로 여성은 어떠한 언
어표현을 사용하는 것일까? 본 장에서는 주의뢰문88)을 중심으로 남

---

88) 의뢰표현의 구조는 '회화의 시작부분(Alerters), 주의뢰문(Head act), 補足的 부분(Supportive)'
으로 나눌 수 있다. (Blum kullkad 외 2인(1989))
예를 들면 다음의 의뢰표현은 '민재야(회화의 시작), 영어 노트 좀 빌려줘(주의뢰문), 떡볶이

성이 사용하는 의뢰표현과 여성이 사용하는 의뢰표현을 비교하면서 고찰하고자 한다.

노주현(2002)에서는 의뢰표현이 화자의 성별에 따라 어떻게 나타나는가를 다음과 같이 조사하고 있다.[89] '빌려주십시오, 빌려주소, 빌려주게, 빌려주라'는 남성의 표현 율이 높고 '빌려주세요, 빌려줘요, 빌려줘'는 여성의 표현율이 높다는 것을 알 수 있다.

한국어의 행위요구표현은 용례의 분석 결과, 의뢰표현보다는 명령 표현이 더 많은 것으로 나타났다. 의뢰표현은 총 60례로서 남성이 28례, 여성이 32례로서 여성이 남성보다는 의뢰표현을 좀 더 많이 사용하고 있다는 것을 알 수 있다.

<표5-6>과 <표5-7>에서 알 수 있는 바와 같이 여성은 '-해 주세요'의 사용이 가장 많으며, 다음으로 '-해 줘'를 사용하고 있는 것으로 나타났다. 남성은 여성의 사용 용례보다는 적은 수를 나타내고 있으나, '-해 주세요'를 많이 사용하고 있으며, 다음으로는 '-해 주십시오', '-해 줘'를 사용하는 것으로 나타났다. 남성의 '-해 주세요'의 사용 증가는 여성이 주로 연어미를 사용하

사줄게(보조적 부분)'으로 구성되어 있다.
89) 이하의 표는 노주현(2002)에서 전재한 것임.

	남(%)	여(%)
빌려주십시오	27.7	16.9
빌려주세요	10	21.6
빌려줘요	10.6	13.4
빌려주소	2.9	0.6
빌려주게	4.8	0
빌려줘	20.3	25.3
빌려주라	23.8	22.2

<의뢰표현의 요형별 사용빈도>

며 남성은 경어미를 사용한다는 이항대립적인 스테레오타입의 언어사용이 바뀌어 가고 있는 것을 의미한다고 생각된다. 이 외에 '-해 주시오' '-해 주시지요'의 경우는 여성의 사용제한이 보이는 것으로 나타났다.

<그림5-3>은 위의 <표5-6>과 <표5-7>을 그래프화한 것으로, 남성과 여성은 어떠한 의뢰표현을 주로 사용하고 있는가에 대해서 비교해 본 것이다.

<그림5-3> 한국어 의뢰표현의 남·여별 사용

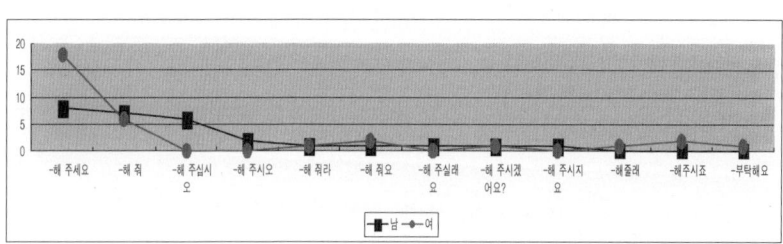

<표5-6> 한국어 의뢰표현의 유형별 용례 수(남)

순위	의뢰표현　　　　　　　　성별	남(%)
1	- 해 주세요	8(28.5)
2	- 해 줘	7(25.0)
3	- 해 주십시오	6(21.4)
4	- 해 주시오	2(7.1)
5	- 해 줘라	1(3.6)
6	- 해 줘요	1(3.6)
7	- 해 주실래요	1(3.6)
8	- 해 주시겠어요?	1(3.6)
9	- 해 주시지요	1(3.6)
10	- 해 줄래	0(0.0)
11	- 해 주시죠	0(0.0)
12	- 부탁해요	0(0.0)
합계		28(100.0)

<표5-7> 한국어 의뢰표현의 유형별 용례 수(여)

순위	성별 / 의뢰표현	여(%)
1	- 해 주세요	18(56.2)
2	- 해 줘	6(18.8)
3	- 해 줘요	2(6.3)
4	- 해 주시죠	2(6.3)
5	- 해 줘라	1(3.1)
6	- 해 줄래	1(3.1)
7	- 해 주시겠어요?	1(3.1)
8	- 부탁해요	1(3.1)
9	- 해 주실래요	0(0.0)
10	- 해 주십시오	0(0.0)
11	- 해 주시오	0(0.0)
12	- 해 주시지요	0(0.0)
합계		32(100.0)

5.1.2.1. - 해 줘, - 해 줘라

(60) 먼저 말해줘. 먼저 내게 <u>약속해 줘</u>. (3H → 3W, 사랑 I)

(61) 만약 무슨 일이 있다면 숨기지 말고 <u>얘기해 줘</u>. (2Bf →
2Gf, 눈물)

(62) 제발 된다고 <u>말해 줘</u>. (3Bf → 3Gf, 국화)

(63) 내가 지키고 싶은 그 자존심을 끝까지 지킬 수 있도록 <u>도와
줘</u>. (4MaFr → 4MaFr, 아버)

(64) 정우 네가 위로 좀 <u>해 줘</u>. (1MaFr → 1MaFr, 눈물)

(65) 그냥 눈 딱 감고 하나 <u>해 줘</u>. (3FeFr → 3FeFr, 국화)

(66) 여자 문제가 아니면 <u>눈감아 줘</u>. (3FeFr → 3FeFr, 무소)

(67) 가서 진정 좀 <u>시켜줘라</u>. (6F → 3D, 무소)

(68) 시답잖은 소리 그만하고 너 나한테 장롱 하나 <u>해 줘라.</u>

　　(3FeFr → 3FeFr 국화)

'-해 줘', '-해 줘라'는 가족관계, 친밀도가 높은 사이에서 사용하고 있으며 인포멀한 장면에서 사용하고 있는 것으로 나타났다. '-해 줘'는 (60)~(66)에서와 같이 남편이 부인에게, 남자친구가 여자친구에게, 그리고 동년배 관계에서 사용하고 있는 것으로 나타났다.

(67)~(68)의 '-해 줘라'는 아버지가 딸에게, 동년배의 여자친구가 여자친구에게 사용하고 있는 것으로 나타났다. 동년배관계에서는 반드시 여자친구 사이가 아니어도 일반적으로 사용될 것으로 예상된다.

'-해 줘', '-해 줘라'는 남성과 여성이 동일하게 사용하고 있으며 젠더는 나타나지 않는다. 연령별 제한도 나타나지 않는다.

5.1.2.2. -해 줘요, -해 주세요

(69) 엄마가 그토록 간절하게 찾고 있는 것을 알고 싶어요. <u>말해 줘요.</u> (1S → 4M, 눈물)

(70) 제발 저 여자를 소파에서 내려오게 <u>해 줘요!</u> (3W → 3H, 무소)

(71) 돈 좀 <u>꿔줘요.</u> (1FeJn → 2FeSn, 외딴)

(72) 오늘은 제발 솔직히 <u>말해 주세요.</u> (1S → 4M, 눈물)

(73) 부탁입니다. 고소를 <u>취하해 주세요.</u> (1S → 4F, 눈물)

(74) 나도 위스키 한 잔 더 <u>시켜주세요.</u> (3W → 3H, 사랑 I)

(75) 커피는 제가 사달라는 데에서 <u>사주세요</u>. (2Gf→ 4Bf, 아버)

(76) 언니가 좀 <u>챙겨주세요</u>. (1FeJn → 2FeSn, 외딴)

(77) 얘 심정을 <u>이해해 주세요</u>. (3FeJn → 3MaSn, 국화)

(78) 자살을 생각하고 계세요. <u>도와주세요</u>. (40대여성 → 남편의
     애인, 아버)

(69)~(71)의 '－해 줘요'와 (72)~(78)의 '－해 주세요'는 남성보
다는 여성의 사용이 많다. 명령표현에서와 마찬가지로 여성은 남성
보다 공손한 표현을 주로 사용하고 있다는 것을 알 수 있다. 사용
장면은 아들이 엄마에게, 부인이 남편에게, 후배가 선배에게 사용
하고 있다.

(78)에서와 같이 '－해 주세요'는 초대면 장면에서도 사용하고 있
다. 즉 여성은 포멀한 장면에서도 '－해 주십시오'보다는 '－해 주
세요'를 더 많이 사용하고 있는 것으로 나타났다.

남성의 경우도 '－해 주십시오'보다 '－해 주세요'를 좀 더 많이
사용하고 있는 경향이 엿보인다. 이는 한국어의 문말표현에서도 점
차 스테레오타입을 벗어난 젠더 표현을 보여주기 시작하는 것이라
할 수 있겠다.

5.1.2.3. － 해 주십시오, － 해 주시겠어요?

(79) 아닙니다. 한 번만 하게 <u>해 주십시오</u>. (2MaJn → 2FeSn, 국화)

(80) 그분에게 마음의 평화를 갖도록 <u>권해 주십시오</u>. (신부님 →
     40대 의사, 아버)

(81) 증언해 주십시오. (30대 변호사→ 증인, 30대여성, 눈물)

(82) 이 달 안으로 돈을 해 주던가 아파트 등기 이전을 해 주십시오. (사채업자→ 50대 중년부인, 눈물)

(83) 좀 태워 주시겠어요?(30대 남자→ 초대면의 운전자, 사랑Ⅱ)

(84) 그럼, 언제 와주시겠어요?(40대 여성→ 남편의 애인, 아버)

'－해 주십시오'는 주로 남성이 사용(6례: 21.4%)하고 있으며, 여성의 사용(0례)은 제약을 보이고 있다. (79)를 제외하면 청자는 모두 초대면의 사람으로 포멀한 장면에서 사용하고 있다. (83)～(84)의 '－해 주시겠어요?'는 '－해 주십시오'보다 정중한 표현으로 초대면의 청자에게 사용하고 있다.

5.1.2.4. －해 주시오, －해 주시죠, －해 주실래요

(85) 단, 한은경의 부채 건은 분명히 매듭지어 주시오. (정우 20대 남자→ 사채업자사장, 눈물)

(86) 한정수, 그 판크레아틱씨에이 환자 좀 데려다 주시오. (40대 남자 의사→ 간호사, 아버)

(87) 좀 정확하게 얘기해 주시죠. (30대 여성 환자→ 30대 남자 의사, 국화)

(88) 나 기차 탈 때 역에 나와 주실래요. (1Bf→ 2Gf, 사랑Ⅱ)

'－해 주시오'와 '－해 주시죠'는 명령의 느낌이 강한 의뢰표현으로 상대방에게 강하게 무언가를 요구할 때 사용하고 있다. (8

5)~(86)에서와 같이 '-해 주시오'는 남성의 사용만 보이고 (87)의 '-해 주시죠'는 여성의 사용만 보인다.

(88)의 '-해 주실래요'는 '-해 주시겠어요?'보다는 덜 정중한 표현으로 남성의 사용이 1례 보인다.

5.1.2.5. -해 줄래, -해 주시지요, -부탁해요

(89) 이거 좀 들어 줄래?(4Gf→ 2Bf, 사랑Ⅱ)

(90) 한 말씀만 해 주시지요. (기자→ 한은경 20대 여자, 눈물)

(91) 그럼 오빠를 부탁해요. (2FeJn→ 2MaSn, 눈물)

'-해 줄래' '-해 주시지요' '-부탁해요'의 예문은 각각 1례씩 나타나 있다. (89)는 여자친구가 남자친구에게, (90)은 포멀한 장면에서 초대면 관계의 청자에게의 의뢰표현으로 강한 명령의 느낌이 있다. (91)은 여성의 발화로 청자인 선배에 대한 의뢰의 표현으로 '-부탁해요'를 사용하고 있다.

이상의 한국어의 의뢰표현을 정리하면 <표5-8>과 같다.

구분	화자와 청자의 관계	사용 명령표현
부모·자녀	F, M → S, D	- 해 줘, - 해 줘라
	S, D → F, M	- 해 주세요, - 해 줘요
형제	Eb, Es → Yb, Ys	- 해 줘
	Yb, Ys → Eb, Es	- 해 줘
부부	H → W	- 해 줘
	W → H	- 해 주세요, - 해 줘요
연인	Gf → Bf	- 해 줘, - 해 줄래
	Bf → Gf	- 해 줘
선배 → 후배	Sn → Jn	- 해 줘
후배 → 선배	Jn → Sn	- 해 주세요, - 해 줘요, 부탁해요, - 해 주십시오
동년배	Fr ↔ Fr	- 해 줘, - 해 줘라

5.2 일본어 담화의 문말표현에 나타난 젠더

일본어는 화자가 청자를 어떻게 대우하고 있는 가를 문말의 조동사에서 단적으로 나타내기 때문에, 기본 문말형식에 착안하여 'です·ます체' 'である, だ체'로 나뉜다. 일반적으로 'です·ます체'는 경체·정중체라고 하며, 'である, だ체'는 常體·보통체라고 한다.

'だ체'에는 'する, いい, 好きだ, 本だ'와 같은 기본형이 이에 속하며, 'です·ます체'에는 'します, いいです, 好きです, 本です'와 같이 'です·ます'형이 이에 속한다.

일본어의 문말형식은 앞서 언급한 한국어와 동일하게 화자와 청자와의 젠더를 명령, 의뢰로 나누어 고찰하고자 한다. 문말형식은 일반적으로 그 범위를 종조사로 한정하여 다루는 경향이 많다. 따라서 문말형식이라는 타이틀의 연구도 종조사의 틀을 크게 벗어나지 못하고 있다. 일본어의 종조사의 성격과 이에 관련된 선행연구를 소개하면 다음과 같다.

종조사의 사용에는 화자의 성별, 화자와 청자의 사회적 관계, 포멀한 장면 혹은 인포멀한 장면의 담화 등이 전제조건이 된다.

'その服, よく似合うわよ'라는 발화에 대하여 청자는 여성의 발언이라는 것을 인식할 수 있다. 그 근거는 'わよ'가 여성이 주로 사용하는 종조사이기 때문이다.

젠더의 관점에서 본 종조사의 용법에는, 화자의 성차가 크게 영향을 주고 있는 것을 알 수 있다. 여성이 주로 사용하는 종조사는 'わ, わよ, かしら, て, てよ, こと, の, のよ, よ'등이 있고, 남성이 주로 사용하는 것은 'ぜ, い, な, よ, ぞ, さ, かい, だい' 등을 들 수 있다.

레이놀즈(レイノルズ: 1985)는 종조사 'ぞ, ぜ/さ, な, よ, わ, ね'를 단정(declarative)과 확인(confirmative)으로 구분하여 주장도가 높은 순서로 배열하고 있다. 남성이 사용하는 'ぞ, ぜ' 등은 청자에게 자신의 판단을 강요하는 경향이 강하고, 여성이 즐겨 사용하는 'よ, わ, ね'는 주장도가 낮은 경향을 나타내고 있다. 이와 같은 현상에 대해 마그로인·하나오카(マグロイン·花岡: 1993)는 여성이 남성에 비하여 자신의 주장을 강하게 강요하지 않는 현상을 사회적인 요인에 근거한다고 보고 있다. 그러나 여성의 활발한 사회진출과 지위 향상을 고려해 볼 때 여성 화자의 언어표현에 있어서도 변화가 나타나고 있음을 부정할 수 없다.

오자키(尾崎喜光: 1999)는 문말 형식에 나타나 있는 여성적 표현과 남성적 표현의 차이에 대하여 다음과 같이 보고하고 있다.[90]

즉 남성적 표현이라고 할 수 있는 'だね', 'だよ', '동사원형＋よ (降るよ)'의 여성 사용이 높아졌으며, 여성 전용으로 알려진 'だわよ', 'わよ'는 현저히 쇠퇴하고 있는 것을 알 수 있다.

인칭대명사뿐만 아니라 종조사에서도 이항 대립적인 현상이 점차 사라져 가고 있는 것을 알 수 있으며, 스테레오타입을 벗어난 중립적인 현상을 보이고 있는 것을 최근 연구에서 알 수 있다. (遠藤織枝: 1991, 小林美惠子: 1993, 小川早百合: 2003)

5.2.1. 명령표현

일본어에서는 명령표현보다 의뢰표현을 좀 더 사용하고 있는 것으로 나타났다. 5.2.2에서 다시 언급하겠지만, 의뢰표현은 전체 305 례를 보이고 있으며 명령표현은 전체 163례를 나타내고 있다. 이는 일본어 언어생활의 특징을 잘 나타내고 있는 것이라고 생각된다.

명령표현은 의뢰표현보다는 그 수가 적은 것이 특징적이며, 여성보다는 남성이 명령표현을 월등히 많이 사용하고 있다는 것을

항목	남(%)	여(%)	항목(%)	남(%)	여(%)
雨だよ	84	53.7	雨だね	75.8	61.9
雨だぞ	56.9	3.0	雨だぜ	41.6	1.5
雨よ	6.0	60.7	雨ね	3.5	57.5
雨だわよ	1.4	20.9	降るわよ	1.8	54.6
降るよ	70.8	52.3			

90) 문말 형식에 나타난 여성적 표현과 남성적 표현<오자키(尾崎: 1999)에서 전재>

알 수 있다. 아래의 <표5-9>와 <표5-10>은 명령표현의 유형별 용례 수를 남성과 여성으로 나누어 주로 사용하는 표현의 순서대로 나타낸 것이다. 전체 163례 중에서 남성이 145례 여성은 18례를 보이고 있다. 이것은 여성은 남성보다 정중한 의뢰표현을 사용한다는 선행연구와 동일한 결과로 나타났다. 명령표현에서는 젠더가 잘 나타나 있다. 그림<5-4>는 <표5-9>과 <표5-10>의 일본어 명령표현의 남녀 사용을 비교한 그래프이다.

<그림 5-4> 일본어 명령표현의 남·여별 사용

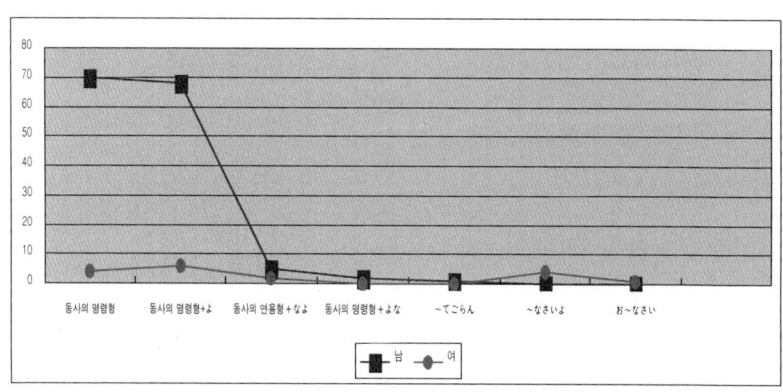

<표5-9> 일본어 명령표현의 유형별 용례 수(남)

순위	명령표현 / 성별	남(%)
1	동사의 명령형	70(47.9)
2	동사의 명령형+よ	68(46.6)
3	동사의 연용형+なよ	5(3.4)
4	동사의 명령형+よな	2(1.4)
5	-てごらん	1(0.7)
6	-なさいよ	0(0.0)
7	お-なさい	0(0.0)
합계		146(100.0)

<表5-10> 일본어 명령표현의 유형별 용례 수(여)

순위	성별　　　　　　명령표현	여(%)
1	동사의 명령형+よ	6(35.3)
2	동사의 명령형	4(23.5)
3	-なさいよ	4(23.5)
4	동사의 연용형+なよ	2(11.8)
5	お-なさい	1(5.9)
6	동사의 명령형+よな	0(0.0)
7	-てごらん	0(0.0)
합계		17(100.0)

5.2.1.1. 동사의 명령형

(92) おまえ買って<u>こい</u>、水虫の藥 (5F → 2S, 元カ)

(93) ついて<u>こい</u>　(4F → 1S, GO)

(94) そうだ、<u>反省しろ</u>、反省 (5H → 5W, 元カ)

(95) ユキ、早く<u>行け</u>! (2Eb → 2Ys, ヤン)

(96) いい加減に<u>しろ</u>! (2Eb → 2Yb, ヤン)

(97) あんたなんて<u>死んでしまえ</u>! (2Gf → 3Bf, ベット)

(98) 最後まで<u>見届けろ</u>。(3Bf → 2Gf, ベット)

(100) これ、見て<u>みろ</u>。ほら、いいのあるよ。(3Bf → 3Gf, ロン)

(101) 覺え<u>とけ</u> (2MaFr → 2MaFr, ヤン)

(102) <u>やめろ</u>!降りてこい (1FeFr → 1MaFr, ヤン)

(103)　そういうことも、ちゃんと計算に<u>入れろ</u>! (과장 → 20대 사원、元カ)

(104) 泣きたかったら、部屋にこもって獨りで<u>泣け</u>。(코치 → 학생들, GO)

'동사의 명령형'은 남성의 사용(70례: 47.9%)이 많으며, 여성(4 례: 23.5%)은 그다지 사용하지 않는 것으로 나타났다. 여성은 화자 의 결정권을 갖는 발화를 하는 것을 꺼려 하는 것으로 보이며, 이 러한 직접적인 명령보다는 '-なさい'와 같은 표현을 선호하고 있 는 것 같다. 그러나 (97), (98), (102)에서 여성의 사용이 보인다. 사 용 연령은 10대, 20대의 여성이 사용하고 있는 것으로 나타났다.

5.2.1.2. 동사의 명령형 + よ

(105) アテにされたら困るってハッキリ言っとけよ。(5H→5W, 元カ)

(106) 意地張るのもたいがいにしろよ。(2S→5F, 元カ)

(107) 送ってってやれよ。(5F→2S, 元カ)

(108) 男は一旦外に出たら七人の敵がいると思えよ。(6Gr→2Gs, 冷-2)

(109) 兄貴、元氣出せよ。(2Yb→4Eb, 101)

(110) おい、何をする。服を着ろよ。(2Bf→2Gf, 冷-2)

(111) いいかげんにしろよ。(2Bf→3Gf, ロン)

(112) 向こうに行っても頑張れよ。(2FeFr→2FeFr, 元カ)

(113) OK。 なあ、ちょっとだけ教えろよ。(1MaFr→1MaFr, GO)

(114) なら振り向くぐらいしろよ。(1MaFr→1MaFr, ヤン)

(115) いまからでもつくれよ。(2MaFr3→FeFr, 101)

(116) ま、とにかく上がれよ。(30대 남성, 千歳→20대 남성, 東次, 元カ)

동사의 명령형에 종조사 '요'를 접속시킨 형태로, 여성(6례, 35.3%)
보다는 남성(68례, 46.6%)의 사용이 월등히 많은 것으로 나타났다.
(105)~(116)에서 알 수 있는 바와 같이 인포멀한 장면에서 가족관
계, 선배, 동년배 사이에서 사용하고 있다. (112)에서는 여성의 사
용이 1례 보이는데, 화자는 20대 여성으로 청자인 동성의 친구에
게의 발화이다.

5.2.1.3. 동사의 명령형＋よな, 동사의 연용형＋なよ

(117) そういうふざけたこと、<u>やめろよな</u>。(2Bf → 2Gf, 元力)

(118) <u>落ち着きなよ</u>。ベイビ　(3Bf → 2Gf, ベット)

(119) ねえ、もっと肩の力を<u>抜きなよ</u>。(1MaFr → 1FeFr, ノル)

(120) ここんとこゴタゴタしてたからね、のんびりして<u>きなよ</u>。

　　　 (3FeFr → 3FeFr, 101)

'동사의 명령형＋よな'는 동사의 명령형에 조사 'よな'가 접속된
것으로 조사 'な'는 남성이 주로 사용하는 종조사로서 'ぞ, ぜ, さ'
다음으로 주장도가 높은 조사이다. 여성의 사용은 제약이 보이며
남성의 사용만 (117)나타난다. 남자친구가 여자친구에게, 그리고 동
년배 사이에서 사용하고 있다.

(119)~(120)의 '동사의 연용형＋なよ'는 남성의 사용이 5례
(3.4%), 여성의 사용이 2례(11.8%)로 나타났다. '동사의 명령형＋
よな'와 '동사의 연용형＋なよ'는 화자와 청자가 친밀도가 높은 경
우에 주로 사용하고 있다.

5.2.1.4. お－なさい, －なさいよ

(121) <u>お</u>よし<u>なさい</u>。 (3 FeSn → 2FeJn, ベット)

(122) 早く酔いを醒ま<u>しなさいよ</u>。(2Gf → 3Bf, ベット)

(123) あんた、たまには電話<u>しなさいよ</u>。家に。ただでさえ、5年も
　　　行方不明だったんだから(3Es → 2Yb, ロン)

'お－なさい, －なさいよ'는 남성의 사용은 제약이 보이며, 여성
의 사용만이 보인다. (121)～(123)에서는 여자선배가 여자후배에게,
여자친구가 남자친구에게, 누나가 남동생에게 사용하고 있다.

5.2.1.5. －てごらん

(124) き<u>てごらん</u>。(5Bf → 3Gf, 失樂)

'－てごらん'은 남성의 사용이 1례(0.7%) 보이며 화자는 50대 남
성으로 청자는 30대의 여자친구이다.
　<표5－11>은 화자와 청자와의 관계를 중심으로 살펴본 것이다.
명령표현은 인포멀한 장면에서는 잘 사용하지 않으며, 가족관계에
서도 연장자가 손아랫사람에게 사용하고 있다. 부부관계에서는 남
편은 부인에게 '동사의 명령형'과 '동사의 명령형＋よ'를 사용하고
있으나 부인은 남편에게 명령표현을 사용하지 않는다. 그리고 후배
는 선배에게 명령표현을 사용하고 있지 않은 것으로 나타났다.

<표5-11> 일본어 명령표현의 사용

구분	화자와 청자의 관계	사용 명령표현
부모 · 자녀	F, M→S, D	동사의 명령형, 동사의 명령형+よ
	S, D→F, M	동사의 명령형+よ
형제	Eb, Es→Yb, Ys	동사의 명령형,
	Yb, Ys→Eb, Es	동사의 명령형+よ
부부	H→W	동사의 명령형, 동사의 명령형+よ
	W→H	《명령표현을 사용하지 않음》
연인	Gf→Bf	동사의 명령형, なさいよ.
	Bf→Gf	동사의 명령형, 동사의 명령형+よ, 동사의 명령형+よな, 동사의 명령형+なよ
선배→ 후배	Sn→Jn	お~なさい(여선배→ 여후배)
후배→ 선배	Jn→Sn	《명령표현을 사용하지 않음》
동년배	Fr↔Fr	동사의 명령형, 동사의 명령형+よ, 동사의 명령형+なよ

5.2.2. 의뢰표현

'의뢰'라는 것은 화자가 자신을 위해서 어떤 행위를 하도록 청자에게 부탁하는 행위이다. 의뢰표현에서 일반적으로 남성은 'くれる, くださる'를 많이 사용하고 있고 여성은 'もらう, いただく'의 표현을 주로 사용하고 있으며 여성은 청자에게 선택의 여지를 주는 부정의 조동사[91]나 청자에게 정중한 기분을 나타내는 경의 표현을 주로 사용한다고 한다.

가와나리(川成美香: 1993)는 의뢰문의 문말표현 사용의 남녀 차를

---

91) 부정의 조동사는 주로 다음의 예를 말한다.
'−してくれない, −してもらえない, −できない, −していけない, −してくださらない, −していただけない'

강요의 정도에 따라 가장 강함, 강함, 중간적, 약함으로 나누었다.92)

소설의 예문에 나타난 일본어의 의뢰표현은 앞에서 언급한 바와 같이 명령표현보다 많은 용례를 보이고 있다. <표5 - 12>와 같이 모두 33가지의 의뢰표현의 유형을 보이고 있으며 남녀의 사용비율은 거의 비슷하게 나타나고 있다. 남녀 모두 가장 많이 사용하고 있는 의뢰표현은 '－て'로서 남성(33례: 22.2%)보다는 여성의(68례: 44.6%) 사용률이 높다는 것을 알 수 있다. 두 번째로 많이 사용하고 있는 의뢰표현은 남성은 '－てくれ'(36례, 23.9%)이며 여성은 '－てくれる'(16례, 10.6%)로 나타났다.

여성의 의뢰표현은 남성에 비해 정중한 표현, 즉 '－てくれない, －てください, －てもらえないかしら, －てちょうだい'와 같은 표현을 즐겨 사용하고 남성은 '－てくれよ, －てくれないか, －てくれないかな, －てほしい, －たのむよ'와 같은 강한 느낌을 주는 표현을 많이 하는 것으로 나타났다.

한편 '－てくれる'의 경우는 남성보다는 여성의 사용이 많은 것으로 나타나 흥미롭게 한다. 가와나리(川成美香: 1993)의 분류에 의하면 '－てくれる'는 의뢰문의 문말표현 가운데 강한 느낌을 주는 표현인데도 불구하고 여성의 사용이 많다는 것에 주목하게 된다. 이는 여성은 일반적으로 부드러운 표현, 정중한 표현을 주로 한다는 것에 대한 변화를 보여주고 있다고 생각된다. 남성, 여성이

---

92) 가장 강함 －して －してよ
　　강함 －してほしい, －してくれる, －くれない, －してもらいたい
　　중간적 －してもらえる, －してもらいない, －できる, －できない, －になる
　　약함 －していい, －していけない, －してください,
　　－してくださらない, －していただきたい, していただける, －していただけない,
　　－だとありがたいのだけど, －助かるんですけど.

언제나 스테레오타입의 언어를 구사하는 것이 아니라는 증명이기
도 하다고 생각된다.

<그림5 – 5>와 <그림5 – 6>은 <표 5 – 12> 중에서 남성과 여
성이 가장 많이 사용하고 있는 6개의 항목만을 중심으로 살펴본
것이다.

<표 5 – 12> 일본어 의뢰표현의 유형별 용례 수(남·여)

의뢰표현 성별	남(%)	여(%)
－て	33(22.2)	68(44.6)
－てな	1(0.6)	0(0.0)
－てね	0(0.0)	15(9.8)
－てよ	19(12.5)	31(20.3)
－てよね	1(0.6)	1(0.6)
－てくれ	36(23.9)	1(0.6)
－てくれた	0(0.0)	1(0.6)
－てくれたな	1(0.6)	0(0.0)
－てくれよ	23(15.2)	0(0.0)
－てくれない	1(0.6)	3(2.0)
－てくれる	2(1.3)	16(10.6)
－てくれるの	0(0.0)	1(0.6)
－てくれるかな	1(0.6)	2(1.3)
－てくれないか	6(4.0)	0(0.0)
－てくれないかな	8(5.3)	2(1.3)

성별 의뢰표현	남(%)	여(%)
ーてくれないのか	1(0.6)	0(0.0)
ーてくれないんだ	1(0.6)	0(0.0)
ーてください	1(0.6)	2(1.3)
ーてほしい	6(4.2)	0(0.0)
ーてほしいな	2(1.3)	0(0.0)
ーてほしいの	0(0.0)	2(1.3)
ーてほしかったな	1(0.6)	0(0.0)
ーてほしいんだ	1(0.6)	0(0.0)
ーてほしいんだよ	1(0.6)	0(0.0)
ーてほしいんだよね	1(0.6)	0(0.0)
ーてもらえるの	1(0.6)	1(0.6)
ーてもらえるかな	1(0.6)	0(0.0)
ーてもらえない	1(0.6)	0(0.0)
ーてもらえないかしら	0(0.0)	2(1.3)
ーてもらいな	0(0.0)	1(0.6)
ーてちょうだい	0(0.0)	3(2.0)
ーてちょうだいよ	0(0.0)	1(0.6)
ーたのむよ	2(1.3)	0(0.0)
합계	152(100.0)	153(100.0)

<그림 5-5 >일본어 의뢰표현의 유형(남)

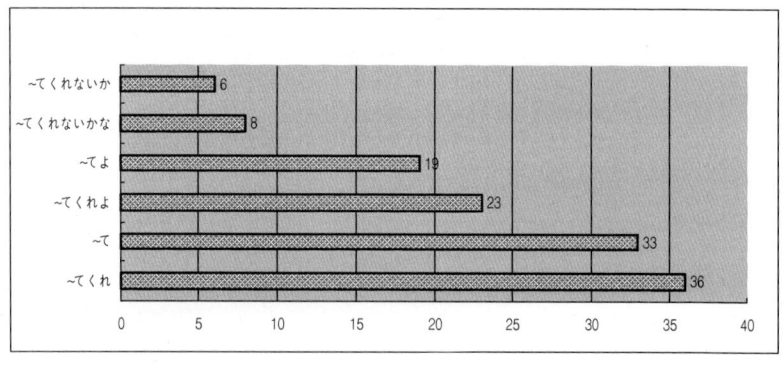

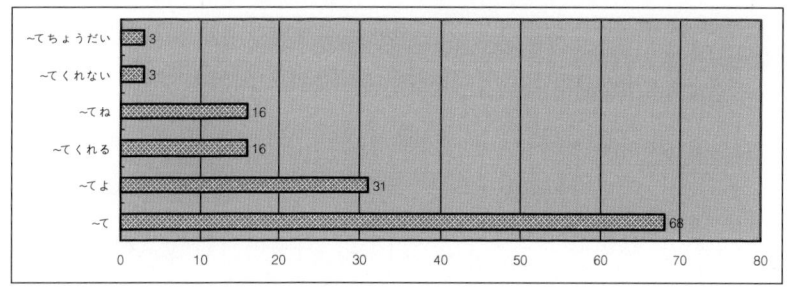

<그림5-6> 일본어 의뢰표현의 유형(여)

5.2.2.1. ーて 型93)

(125) 姉ちゃん、引っ越し手伝ってな。(2Yb → 3Es, ロン)

(126) でも、酔っちゃうまえに來てよね。(2Gf → 2Bf, 元力)

(127) 名前を教えて。(2Gf → 3Bf, ベット)

(128) 携帯みせて。(2Gf → 2Bf, 元力)

(129) 私の言ったこと氣にしないでね。(1FeFr → 1MaFr, ノル)

(130) 二階に上ってきてよ。(1FeFr → 1MaFr, ノル)

(131) 佐伯くんも、またいいアイデア出してよね。(2FeFr → 2FeFr, 元力)

'ーて 型'은 'ーて, ーてな, ーてね, ーてよ, ーてよね'형의 예문
이 있다. 'ーて'는 명령형을 포함하는 어휘소 'ーくれ'를 생략한
것으로 명령의 의도를 복잡하게 굴절시킨 기형적 명령문이라고도
하며 화자의 의도를 감추는 효과를 갖고 있다. 어말의 수수동사가

---

93) 型의 의미는 예를 들면 'ーて, ーてな, ーてね, ーてよ, ーてよね'를 같은 카테고리로 묶
어서 나타냄을 말한다.

생략되어 있기 때문에 여러 가지 뉘앙스를 내포하고 있어서 그 사용 범위가 넓다.

'-て'는 사용례가 가장 많으며 남성보다 여성의 사용이 월등히 많다. '-てね'는 종조사 '-ね'에 의해 부드러운 느낌이 나타난다. '-てね'는 남성 사용의 예문은 보이지 않고 여성의 사용만이 15례(9.8%)가 보인다. '-てよ'도 여성의 사용이 더 많으며, '-てな'는 남성의 사용만이 보인다.

(125)~(131)은 형제관계에서, 여자친구가 남자친구에게, 그리고 동년배 사이에서 사용되고 있으며 주로 인포멀한 관계에서 사용되고 있음을 알 수 있다.

5.2.2.2. -てくれる型

(132) お金、貸し<u>てくんない</u>？(3Es → 2Yb, ロン)

(133) 使っ<u>てくれよ</u>。(2Yb → 4Eb, 101)

(134) なぜ、相談し<u>てくれないんだ</u>？(3Bf → 2Gf, 冷-1)

(135) 話し<u>てくれないのか</u>。(3Bf → 2Gf, 冷-1)

(136) おい、君たちのいざこざをぼくに向けるのだけはやめ<u>てくれ</u>
<u>ないか</u>。

(2MaFr → 2MaFr, 冷-2)

(137) よく來<u>てくれたな</u>。(1MaFr → 1MaFr, GO)

(138) 我々のスパイになっ<u>てくれないか</u>。(민단의 간부 → 40대 남성, GO)

(139) 言っとい<u>てくれよ</u>。(30대 남성 → 20대 남성, 회사동료, 元カ)

(140) 目が覺めたら俺のところへ來るように伝え<u>てくれ</u>。(선생→학
　　　생、ヤン)

　'－てくれる'型은 '－てくれ、－てくれた、－てくれたな、－てく
れよ、－てくれない、－てくれる、－てくれるの、－てくれるかな、
－てくれないか、－てくれないかな、－てくれないのか、－てくれな
いんだ'의 모두 12개의 유형으로 나타나 있다. '－てくれる'는 화
자 혹은 화자 측의 사람을 위해서 무언가를 하도록 의뢰하는 표현
이다. 보통체는 손아래나 동등의 친한 상대에게 사용한다. '－てく
れ'는 주로 남성(36례: 23.9%)이 사용하고 있으며 그 의미는 상대
에게 선택의 여지를 주지 않는 강한 발화가 된다. '－てくれ' 이외
에 남성은 '－てくれよ、－てくれないか、－てくれないかな' 등을
주로 사용하고 있다. 특히 '－てくれよ'는 남성의 사용이 23례
(15.2%), 여성의 사용례는 보이지 않는다. '－てくれないか'도 남성
(6례: 4.0%)의 사용만이 보인다.

5.2.2.3. －てください型

(141) いい加減にし<u>てください</u>。(2Gf→2Bf、ロン)
(142) 瀨名くん。壁取っ拂っ<u>て下さい</u>。(教授→제자、세나、ロン)

　'－てください'는 화자를 위해서 누군가가 어떤 행위를 하도록
의뢰하거나 지시하거나 명령하거나 하는 표현이다. 소설 용례에서
는 많은 용례는 나타나지 않았으나 일반적으로 여성이 남성보다

정중한 표현을 사용한다는 점에서 비슷한 결과가 나왔다. (142)에서 대학 교수가 제자인 세나에게 정중한 표현 '-てください'를 사용하고 있다.

5.2.2.4. -てほしい型

(143) 結婚してほしい。(4Bf → 3Gf, 101)

(144) どこか遠くにいってしまわないでほしい。(3Bf → 2Gf, 冷-1)

(145) 敎えて欲しいな。(5Bf → 3Gf, 失樂)

(146) ……嘘ついてほしかったな。(3Bf → 3Gf, ロン)

(147) 俺、クルパにはそのままずれて行って欲しいんだよね。

  (1MaFr → 1MaFr, GO)

(148) 俺はおまえにそばにいて欲しいんだよ。(1MaFr → 1MaFr, GO)

(149) 私のことを覺えてほしいの。(1FeFr → 1MaFr, ノル)

(150) つきあってほしいんだ。(2Bf → 2Gf, 元カ)

(151) 失礼なこと言わないでほしいな。(17才, 남성 → 20代여성, ヤン)

'-てほしい'型은 '-てほしい, -てほしいな, -てほしいの, -てほしかったな, -てほしいんだ, -てほしいんだよ, -てほしいんだよね'의 7개의 유형으로 나타나 있다. '-てほしい'는 자신 이외의 사람에게 대한 화자의 희망이나 요구를 나타낸다. '-てほしい'는 주로 남성들이 많이 쓰고 있는 것으로 나타났으며 여성의 사용은 나타나지 않는다. 전체 7개의 유형 가운데 여성은 '-てほしいの'(149)의 사용만 보일 뿐 일반적으로 사용의 제약을 받고 있다고

할 수 있다. 여성은 직접적인 요구의 의뢰보다는 완곡한 표현을
사용하고 있는 것으로 나타났다.

5.2.2.5. －てもらう型

(152) 今度は僕を紹介し<u>てもらえるかな</u>。(3Bf → 2Gf, 冷－1)

(153) 僕はそこに近づけ<u>てもらえない</u>。(3Bf → 2Gf, 冷－1)

(154) もし、誰もつかまらなかったら、午後お店にで<u>てもらえない</u>
<u>かしら</u>。

(2FeFr → 2MaFr, 冷－1)

(155) あたしのステージみたいんだったら投光室のお兄さんに言っ
てみせ<u>てもらいな</u>。(3FeSn → 2FeJn, ベット)

(156) 惡いんだけど貸し<u>てもらえないかしら</u>？(1FeFr → 1MaFr, ノル)

(157) いつ紹介し<u>てもらえるの</u>?(60대여인<知人> → 20대 여성, 冷－1)

'－てもらう'는 화자를 위해서 누군가가 무언가의 행위를 하는
것을 화자 측에서 서술하는 표현이다. 'もらう'의 가능의 형태 '－
てもらえるの, －てもらえるかな, －てもらえない, －てもらえるな
いかしら'와 같이 가능의 형태를 사용하여 화자 또는 화자 측의
사람을 위해서 무언가 행위를 하도록 부탁할 때 사용한다. 보통체
는 손아래의 친한 상대에게 사용하고 정중체는 널리 여러 상대에
게 사용된다.

　(154)와 (156)에서와 같이 여성의 사용이 확연히 드러나는 의뢰
표현은 '－てもらえないかしら'라고 할 수 있겠다.

5.2.2.6. －てちょうだい型

(158) 本に戻ってちょうだい。(2FeFr → 2FeFr, 冷－1)

(159) このコに届けてやってちょだいよ。(가게여주인→ 20대 남자, 元カ)

(160) 避妊はセックスする時の義務だと思ってちょうだい。

(여선생→ 고등학생들, ヤン)

'－てちょうだい'는 상대에게 무언가를 하도록 의뢰하는 데에 사용한다. 여성, 어린이가 친근한 상대에게 말하는 보통이며, 난폭한 표현은 아니지만, 포멀한 장면에서는 사용하지 않는다. 소설의 예문에서는 남성의 사용은 한 예도 보이지 않으며 여성이 주로 사용한 것으로 나타났다. 따라서 '－てちょうだい'에서는 남성사용의 제약이 엿보인다.

5.2.2.7. －たのむ

(161) 姉ちゃん、賴むよ。(2Yb → 3Es, ロン)

(162) 殘ってくれよ。賴むから(1MaFr → 1MaFr、ヤン)

'－たのむ'와 같이 직접적인 의뢰표현은 남녀 모두 사용하는 표현이기는 하나 뒤에 뒤따르는 종조사에 따라 그 사용이 나누어진다. 소설의 용례에서는 '－たのむよ'만이 보이고 있다.

<표3－13>은 이상의 일본어 의뢰표현에 대해 화자와 청자의 관

계로 나누어 살펴본 것이다.

<표 5 - 13> 일본어 의뢰표현의 사용

구분	화자와 청자의 관계	사용 의뢰표현
부모·자녀	F, M→S, D	*94)
	S, D→F, M	*
형제	Eb, Es→Yb, Ys	～てくれない, ～てくれよ,
	Yb, Ys→Eb, Es	～てな, たのむよ
부부	H→W	*
	W→H	*
연인	Gf→Bf	～て, ～てよね, ～てくれないかな,
	Bf→Gf	～てくれないんだ, ～てくれないか, ～てほしい, ～てほしいな, ～てほしかったな, ～てもらえるかな, ～てもらえない.
선배→후배	Sn→Jn	～てもらいな(Fe→Fe)
후배→선배	Jn→Sn	*
동년배	Fr ↔ Fr	～てね(Fe→Ma), ～てくれないか(Ma→Ma), ～てくれたな(Ma→Ma), ～てほしいんだよ(Ma→Ma), ～てほしいんだよね(Ma→Ma), ～てほしいの(Fe→Ma), ～てもらえるないかしら(Fe→Fe), ～てちょうだい(Fe→Fe)

5.3. 결과 및 고찰

이상에서 한국어와 일본어의 명령표현과 의뢰표현을 대조해 본 결과, 다음과 같은 결론을 얻게 되었다.

---

94) 위의 <표5-3>의 * 표시는 해당항목에 소설의 용례가 나타나지 않은 것을 말한다.

첫째, 한국어의 명령표현과 의뢰표현의 예문수를 살펴보면 일본어와 대조적인 현상을 나타내고 있다는 것을 알 수 있다.

명령표현을 살펴보면, 한국어는 명령표현의 용례 수가 전체 593례로서 남성의 명령표현이 298례(50.2%), 여성의 명령표현이 295례(49.8%)로 나타났다. 한편 일본어에서는 명령표현의 용례 수가 전체 163례로서 남성의 명령표현은 145례(89.0%) 여성의 명령표현은 18례(11.0%)로 나타났다. 이는 한국의 여성이 일본 여성보다 더 많은 명령표현을 사용하고 있다는 것을 알 수 있다.

의뢰표현을 살펴보면, 한국어는 전체 60례로 남성이 28례(47%) 여성이 32례(53%)로 나타났다. 한편 일본어의 경우는 전체 305례로 남성의 의뢰표현은 152례(49.8%) 여성의 의뢰표현은 153례(50.2%)로 나타났다.

이와 같은 현상은 일상의 담화 속에서 한국인은 직접 행위 요구 표현 가운데 의뢰표현보다 명령표현을 더 많이 사용하는 경향을 보이고 있다. 한편, 일본인은 화자와 청자 사이에 직접적인 명령표현을 사용하기보다는 정중한 행위요구 표현인 의뢰표현을 더 많이 사용하고 있다. 일본인의 대화상에 있어서 상대방에 대한 배려하는 관점에서 볼 때 한국인과 일본인의 언어행동의 차이점이라고 지적할 수 있다.

둘째, 한국어의 경우, 여성은 남성과 거의 동일하게 명령표현을 사용하고 있는 것으로 나타났다. 한편 일본어에서는 남성은 여성보다 명령표현을 훨씬 더 많이 사용하고 있음을 알 수 있다.

셋째, 한국어와 일본어에서 남성과 여성이 사용하는 명령표현의 유형을 고찰해 본 결과는 나음과 같다.

명령표현은 한국어와 일본어에서 동일하게 인포멀한 장면, 친밀한 관계에서의 담화가 이루어진다. 이는 명령표현이 화자 자신이 의도하는 행위를 청자에게 실현해 달라고 요구하는 의미를 갖고 있다는 점에서 기인한다고 생각된다.

한국어에서는 남녀 모두 '-아/어'를 가장 많이 사용하고 그 다음으로 '-아/어라' 사용하고 있다. 그러나 여성이 즐겨 사용하는 명령표현은 '-아/어요', '-세요'로서 남성의 사용은 그다지 많지 않은 것으로 나타났다. 또한 남성은 '-주십시오'라는 표현을 사용하고 있으나 여성의 사용은 보이지 않는다. 인칭대명사와는 달리 문말표현에서는 한국어에서도 젠더가 나타나 있다.

한편 일본어에서는 한국어와는 달리 여성의 명령표현의 사용이 현저하게 적다. 남성이 주로 사용하는 명령표현은 '동사의 명령형'이며, 그 다음으로 '동사의 명령형+よ'인 것으로 나타났다. 여성은 '동사의 명령형+よ → なさいよ → 동사의 명령형' 순으로 사용하고 있는 것으로 나타났다.

넷째, 한국어와 일본어에서 남성과 여성이 사용하고 있는 의뢰표현의 유형을 분석한 결과는 다음과 같다.

한국어에서는 의뢰표현의 사용이 많지 않다. 분석의 결과 가장 많이 나타나고 있는 의뢰표현은 '-주세요'로서 여성이 남성보다 더 많이 사용하고 있는 것으로 나타났다. 그 다음은 '-해 줘'로 남성과 여성의 사용비율이 거의 동일하게 나타났다. 의뢰표현에서도 여성은 남성보다 공손한 표현을 사용하고 있다는 것을 알 수 있다.

한편 일본어에서는 남성은 '-てくれ → -て → -てくれよ' 순으로 사용하고 있으며, 여성은 '-て → -てよ → -てくれる →

－てね' 순으로 사용하고 있다.

다섯째, 문말표현을 중심으로 본 언어의 중성화 현상에 대한 분석 결과는 다음과 같다.

한국어에서는 여성이 주로 사용하고 있다고 하는 '－아/어요', '－세요', '－해 주세요' 등의 남성의 사용이 증가하고 있다.

한편 일본어의 경우, 명령표현에서 사용례는 적으나 남성전용의 표현이라고 할 수 있는 '동사의 명령형', '동사의 명령형＋よ'의 여성의 사용이 보인다.

의뢰표현에서는 남성이 가장 많이 사용하고 있는 것은 '－てくれ'이나 '－て'의 사용도 많은 것을 알 수 있다.

이상의 사용현상을 고려해 볼 때 한국어와 일본어의 문말표현에서 '언어의 중성화', 즉 '젠더프리'에로의 이행 현상이 나타나고 있다고 말할 수 있겠다.

제6장

여성관사와

남성관사의 젠더

　　　　　　'관사'는 영어, 프랑스어, 독일어 등
에서 명사 앞에 놓여 단수, 복수, 성격 따위를 나타내는 품사이다.
그러나 여성관사의 의미는 그러한 '관사'와는 성질을 달리하는 것
으로, 단어 앞에 '여, 여성, 여류, 여자, 남, 남성, 남자' 등이 붙어
서 이루어진 어휘를 말한다.

　　타나카(田中和子: 1984)에서는 일찍이 일본어 어휘를 논하며 '여
성관사, 남성관사'라는 용어를 사용한 바 있다.

　　본 장에서는 한국어와 일본어의 여성관사와 남성관사의 어휘를
중심으로 젠더표현에 대하여 살펴보고자 한다. 본 연구에서는 '남
○○, 여○○'의 어형만을 분석의 자료로 다루고자 한다.

　　한국어의 경우, 구현정(1995)에서는 여성형, 남성형이라는 용어
를 사용하고 있으며, 민현식(1995)에서는 여성대상어라는 큰 범주
안에 포함시키고 있는 경우도 있다. 김창섭(1999)에서는 여성항,
남성항이라는 용어를 사용하고 있다. 일본어에서는 여성관사라는
용어를 일반적으로 사용하고 있다.

　　여성관사는 '남자=인간'이라는 발상에서 여성을 지칭할 때 남
성을 지칭할 때와 달리 비대칭적인 표현을 하는 것을 의미한다.

　　마리나 야겔로(Marina Yauello: 1978)는 남성관사는 무표적(unmarked

term)이며, 여성관사는 남성형에서 파생된 유표적 형태(marked term)로 나타난다고 주장하고 있다. 남성이 기준이 된다는 전제에서 여성이 구별된다는 것이다. 즉 남성은 표준이 되며 여성은 예외, 하위, 특수 그룹으로 놓이는 것을 시사하고 있는 것이다. 따라서 '여의사, 여성장관, 여성부지사, 여성의원, 여성항해사' 등으로 여성의 지위, 직업을 나타내고 있다. 이와 같이 여성, 여자를 강조하는 것은 오히려 차별을 느낄 수 있는 소지를 갖는다고 생각된다.

본 장의 연구목적은 일본어와 한국어에 어떠한 여성관사, 남성관사가 존재하며 어떠한 대칭관계를 나타내고 있는가에 대해 살펴보고, 이러한 어휘들에서 젠더프리(gender free),[95] 젠더페어(gender fare)가 이루어지고 있는가 등에 대해 밝혀 보고자 한다.

여성관사와 남성관사의 어휘의 젠더의 분석의 자료로 대표적인 것은 사전에 수록된 어휘들이라고 할 수 있겠다. 사전은 일반적으로 언어 현상을 총체적, 전면적으로 보여주는 것이며, 어휘 연구의 최종적 산물이라 할 수 있다. 따라서 본 연구에서는 이러한 사전의 특성을 바탕으로 하여 사전에 나타난 어휘자료를 대상으로 살펴

---

95) 하와이 호놀룰루시 여성지위위원회에서 제작(1988년)한 'Do's and Dont's for Non-sexist Language'에서 젠더프리에 대한 가이드라인을 다음과 같이 정하고 있다. 여성지위위원회에서는 4페이지 분량의 가이드라인을 플라스틱케이스에 넣어 관청, 학교, 회사 등에 배부하였다고 한다. <れいのるず・秋葉かつえ(1999)「日本語の性差別」『ことばに見る女性』참조>

1. man이 붙는 어휘를 젠더프리로 바꾸는 예
   anchorman(뉴스앵커) → anchor, anchor person
   clergyman(목사) → clergy, minister, priest
   cameraman(카메라맨) → camera operator, photographer
2. 여성형을 젠더프리로 바꾸는 예
   actress(여배우) → actor(배우)
   authoress(여성작가) → author(작가, 저자)
   lady doctor(여의사) → doctor(의사)

보고자 한다. 용례는 다음에 열거된 사전을 중심으로 선정하였다.

   (1) 『표준국어대사전』96) 국립국어 연구원

   (2) 『우리말 큰 사전』97) 한글학회

   (3) 『인터넷 야후사전』98)

   (4) 『日本國語大辭典』(2002 第2版)

   (5) 『廣辭苑』(1998 第5版)

   (6) 『인터넷 GOO 사전』99)

   위의 사전에서 용례를 분석하여 <그림6-1>과 같은 결과를 얻을 수가 있었다. 한국어와 일본어 모두 여성관사의 수가 남성관사에 비하여 많은 것을 알 수 있으며 이는 한국어와 일본어의 여성관사, 남성관사의 공통점이라고 할 수 있겠다. 자세한 데이터는 한국어는 <표6-1>과 <표6-2>, 일본어는 <표6-4>과 <표6-5>에 나타나 있다.

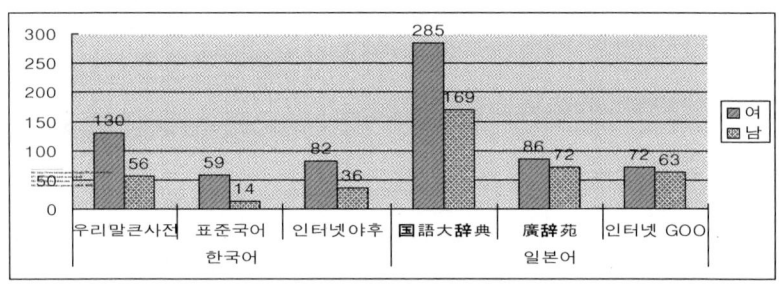

6.1. 한국어의 여성관사와 남성관사

6.1.1. 어휘자료와 선행연구

'여성'과 '여자'는 어떤 의미적 차이가 있는가에 대해 사전적 뜻풀이로 확인해 보면100) '여성'은 '①성(性)의 측면에서 여자를 이르는 말. ②서구어(西歐語)의 문법에서, 단어를 성(性)에 따라 구별할 때에 사용하는 말의 하나.'로 되어 있다. '여자'는 '①여성으로 태어난 사람. ② 신라에서, 궁내성에 속하여 침방(針房)에서 바느질하는 일을 맡아보던 나인.'으로 나타나 있다. 결국 여성이나 여자의 사전적 뜻풀이에서는 커다란 차이가 없다.

그러나 사전적 의미와는 달리 여자는 남자와 어느 정도 차별을 두는 낱말인 반면에 여성의 권익을 주장하는 사람들에게 있어서 여성은 남성과 동등하게 대접받는 대립된 낱말로 생각되는 것 같다. 즉 여자라는 낱말은 남자에 비해 차별받는 존재를 뜻하는 '사회학적 용어'인 반면에 여성이란 낱말은 남성과 대립되는 개념으로 전혀 차별을 발견할 수 없는 생물학적 용어라고 말한다.

그리하여 필연적으로 차별이란 현상을 동반하는 여자라는 낱말보다는 남성과 동등한 대립적 존재로 부각될 수 있는 여성이란 낱말이 빈번하게 쓰이는 것을 당연한 흐름으로 받아들인다.

우리는 여자라는 낱말보다 여성이란 낱말이 상위의 개념으로 받아들여진다고 생각하고 있다. 여자로 이루어지는 낱말 군을 살펴보

---

100) http://www.korean.go.kr/000_new/50_dic_search.htm 국립국어연구원 표준국어대사전.

면 '여자답다, 여자의 일생, 천생 여자다' 등이 있다. 반면에 여성으로 이루어지는 낱말 군을 보면 '여성계, 여성의 권익, 여성의 권리, 여성미, 여성운동, 여성해방' 등이 있다. 여자의 권익과 해방을 생각한 것이 비교적 최근의 일이며 여자와 관계된 새로운 낱말들은 거의 모두가 여성과 결부되어 쓰인다는 것을 확인할 수 있다.

따라서 여권관련어는 '여자○○'보다는 '여성○○'으로 표현하는 경우가 더 우세하다. 또한 단어 앞에 남성이라는 관사가 붙을 경우에는 오히려 생소하고 잘 쓰이지 않는 어휘가 된다는 것을 알 수 있다. (예: 여성운동─*남성운동)

한국어의 여성관사, 남성관사는 사전에 나타난 어휘를 중심으로 살펴보고자 한다. 어휘의 용례는 국립국어 연구원의 『표준국어대사전』과 한글학회의 『우리말 큰 사전』을 중심으로 선정하였다.

일본어에서는 '女, 男'의 한자 읽기가 음독, 훈독 등 읽는 방법이 다르지만, 한국어의 경우는 한 가지 이상의 읽는 방법이 거의 없기 때문에 일본어와는 조금 다른 환경에 있다. 그러나 여성관사를 '여, 여자, 여성, 여류', 남성관사를 '남, 남자, 남성'으로 분류한 것은 일본어의 분류와 동일하다.

이러한 어휘의 의미를 중심으로 직업관계어, 지위관계어, 교육관계어, 신앙관계어, 性관련어 등으로 분류하여 젠더프리, 젠더페어의 정도를 살펴보고자 한다.

한국어에서 여성관사의 연구는 그 명칭은 달리하고 있지만 여러 각도로 진행되고 있다. 임홍빈(1993)에서는 여성에 대한 표현이라 하여 명사뿐만 아니라 동사(구)와 형용사(구)의 예들도 들었다. 김창섭은 '여성형', '남성형'이라는 용어를 사용하고 있는데, 여성형과 같은 용어는 자칫 문법범주로서의 성 구별을 전제하는 듯한 오해를 불러일으킬 수 있는데, 여성항은 이러한 우려도 피해 줄 것이라고 용어에 대한 정의를 내리고 있다.

구현정에서는 『국어대사전』(김민수, 1991)과 『우리말 큰 사전』(한글학회지음, 1992)의 어휘를 중심으로 남성형 어휘와 여성형 어휘의 형태와 의미연구를 하였다. 특히 남성형 어휘와 여성형 어휘를 '남성중심어, 여성중심어, 남녀평등어, 남성전용어, 여성전용어'로 분류하여 그 비율을 나타내었다.[101]

6.1.2. 여성관사와 남성관사의 어휘의 의미 분석

『우리말 큰 사전』, 『표준국어대사전』『인터넷 야후사전』에서 용례를 뽑은 어휘 수는 다음의 <표6-1>, <표6-2>와 같다. 남류라는 어휘는 존재하지 않으나, 여류에 대칭되는 어휘로 상정해 본것이다.

의미유형	국어대사전		우리말 큰 사전	
	어휘 수	비율%	어휘 수	비율%
남성중심어	85	33.5	111	36.2
여성중심어	4	1.6	4	1.3
남녀평등어	77	30.3	113	36.8
남성전용어	25	9.8	14	4.6
여성전용어	63	24.8	65	21.2
총 계	254	100.0	307	100.1

101) 국어대사전과 『우리말 큰 사전』의 어휘분포 <구현정(1995)에서 전재>

<표6-1> 사전에 나타난 여성관사의 어휘 수(%)

	우리말 큰 사전	표준국어	인터넷 야후
여	130(76.0)	59(90.8)	82(93.2)
여류	3(1.8)	1(1.5)	1(1.1)
여성	21(12.3)	2(3.1)	4(4.6)
여자	17(9.8)	3(4.6)	1(1.1)
합계	171(100.0)	65(100.0)	88(100.0)

<표6-2> 사전에 나타난 남성관사의 어휘 수(%)

	우리말 큰 사전	표준국어	인터넷 야후
남	56(76.7)	14(82.3)	36(85.7)
*남류	0(0.0)	0(0.0)	0(0.0)
남성	13(17.8)	1(5.9)	4(9.5)
남자	4(5.5)	2(11.8)	2(4.8)
합계	73(100.0)	17(100.0)	42(100.0)

여성관사 가운데 가장 많은 어휘를 나타내는 것이 ‘여○○’이며 다음으로 여성○○〉여자○○〉여류○○ 순이다. 여성관사 ‘여류○○’는 어휘의 수가 적으나 『표준국어대사전』에서는 파생어로서 다음과 같은 어휘들이 있다.

　예) 여류 문인, 여류 문학가, 여류 소설가, 여류 수필가, 여류 시
　　　인, 여류 조각가, 여류 화가

『우리말 큰 사전』에서는 ‘여류 문인, 여류 작가의 어휘가 나타나 있다. 『인터넷 야후 사전』에서는 ‘여자에 대한 어휘가 ‘여자’ 이외에는 한 예도 나타나 있지 않다.

특히 남성관사의 어휘보다 여성관사의 비중이 큰 것은 시사하는

바가 크다. 이는 남성은 모든 일에 중심이 되고, 주역이 되며 여성은 남성의 보조적 역할자이며, 즉 타자라는 것을 의미한다.

6.1.2.1. 직업 및 지위의 어휘에 나타난 젠더

(1) 양성의 비대칭 어휘

기자—여기자—*남기자

교장—여교장—*남교장

교사—여교사—*남교사

교원—여교원—*남교원

사무원—여사무원—*남사무원

비서—여비서—*남비서

주인—여주인—*남주인

의사—여의사—*남의사

문인—여류문인—*남류문인

작가—여류작가—*남류작가

화가—여류화가—*남류화가

시인—여류시인 —*남류시인

간첩—여간첩—*남간첩

순경—여순경—*남순경

사장—여사장—*남사장

군인—여군—*남군

장부—여장부—*남장부

차장—여차장—*남차장

점원—여점원—*남점원

장군—여장군—*남장군

주빈—여주빈 —*남주빈

급사—여급—*남급

왕—여왕—*남왕

황제—여황제—*남황제

호걸—여중호걸(女中豪傑)—*남중호걸

군자—여중군자—*남중군자

직공—여직공—*남직공

상인—여상(女商)—*남상

첩—*여첩—남첩

(2) 양성의 대칭 어휘

배우—여배우—남배우

선생—여선생—남선생

학생—남학생—여학생

공원(工員)—여공(女工)—남공(男工)

죄수—여수(여자죄수)—남수(남자죄수)

종—여종—남종

아이—여아(女兒)—남아

　이상에서 직업·지위에 관한 어휘들을 살펴보면 사회적으로 인
정받는 직업은 대체로 남성이 주체가 되어 있고, 여성의 직업·지
위에 관한 어휘는 그 가운데 일부분을 차지하고 있다는 것을 알

수 있다. 따라서 여성관사는 부가적으로 만들어졌으며 양성의 비대칭적인 어휘의 수가 대칭의 어휘보다 많은 수를 나타내고 있는 것은 당연한 결과라고 생각한다.

화가, 시인, 작가 등의 예술인의 직업의 어휘인 경우는 주로 '여류'라는 관사가 붙는다. '여류'의 의미는 '일부 명사 앞에 쓰이어 어떤 전문적인 일에 능숙한 여자임을 나타내는 말로 '여류 비행사'라는 어휘도 찾아볼 수 있다.

특히 '첩'과 같은 경우는 여성을 상징하는 어휘이기 때문에 '첩'이라는 어휘 자체가 여성을 떠올리게 하므로 '여첩'이라는 어휘는 존재하지 않는다. 따라서 직업·지위에 관한 어휘는 주로 남성이 중심이 되어 있지만 마이너스 이미지의 경우는 역현상을 보이기도 한다.

직업·지위에 관한 어휘는 젠더 프리, 젠더페어의 측면에서 볼 때 공평성에 어긋나는 부분이 너무나 많다. 양성의 대칭의 어휘가 젠더페어가 된다고 볼 수는 있으나, 젠더 프리는 아닌 것이다. '여배우, 여의사, 여자변호사, 여류시인' 등의 여성관사 '여, 여자, 여류'를 떼고 직업 및 지위를 표현하는 것이 이상적인 젠더프리가 아닐까 하는 생각이다.

6.1.2.2. 교육 어휘에 나타난 젠더

(1) 양성의 비대칭 어휘
학교―여학교―남학교
중학교―여자중학교―*남자중학교

고등학교—여자고등학교—*남자고등학교

대학교—여자대학교—*남자대학교

전문학교—여자전문학교—*남자전문학교

의과대학—여자의과대학—*남자의과대학

교육—여자교육—*남자교육

학사—여학사—*남학사

생도—여생도—*남생도

(2) 양성의 대칭 어휘

학교—여학교—남학교

학생—여학생—남학생

교육어휘에서도 여성관사는 부가적인 의미를 지니고 있다. 특히
교육어휘에서는 남성중심의 어휘가 대부분을 차지하고 있다. 이는
한국의 교육이 남성중심으로 이루어졌으며, 한국에서의 여성 교육
의 역사가 깊지 않다는 것을 반증하는 것이라고도 할 수 있다.

교육어휘 중에서 '남녀공학'은 어휘의 구조상 '남+여'의 순서로
이루어져 굳어져서 사용되고 있다. 그 누구도 '여남공학'이라고 말
하지 않는다.

6.1.2.3. 일상·문화 어휘에 나타난 젠더

(1) 양성의 비대칭 어휘

여권—*남권

여권신장—*남권신장

여성운동—*남성운동

여성참정권—*남성참정권

여성해방운동—*남여성해방운동

여화(女禍: 여색으로 말미암은 재앙)—*남화

여난(女難: 여색으로 인한 환난)—*남난

여죽(− 竹: 여자의 담뱃대)—*남죽

여혜(− 鞋: 여자의 가죽신)—*남혜

여경(− 鏡: 여자의 안경)—*남경

여계(− 誡: 여자의 생활 및 처신들에 관한 계율)—*남계

(2) 양성의 대칭 어휘

좌석—여자석—남자석

상여—여상여—남상여

동생—여동생—남동생

목욕탕—여탕—남탕

숟가락—여술(여자 숟가락)—남술

미(美)—여성미—남성미

합창—여성합창—남성합창

여장(女裝)—남장(男裝)

여무(女舞)—남무(男舞)

여상(女相: 남자가 여자의 모습을 한 것)—남상(男相)

여창남수(여자가 먼저 나서서 서두르고 남자는 따라 만함)—남창
여수

일상·문화 어휘에서는 여성의 권리나 여성운동에 대한 어휘들은 전부 비대칭어휘로 나타나고 있다. '여화'나 '여난'과 같은 어휘는 여성의 존엄성을 전혀 고려하지 않은 어휘라고 생각한다.

현대어에서 '여죽, 여혜, 여계' 등은 좀처럼 사용되지 않는 어휘이다. 여계(女誡)는 '여자의 생활 및 처신들에 관한 계율'을 의미하는 어휘로서 여성을 계율이나 규범에 맞추어 살아가게 하려는 전근대적인 분위기를 느낄 수 있다. 물론 현대어에서는 사라진 단어가 되었지만 여성을 차별하는 여성차별어로서 젠더페어와는 상당한 거리감이 있다.

'남녀평등, 남녀노소, 남존여비, 남녀동등, 남녀동권, 남녀유별'의 어휘는 모두가 어순이 '남+여'로 이루어져 있다. 어순이 바뀔 가능성은 전혀 보이지 않는 어휘들이다.

6.1.2.4. 종교 어휘에 나타난 젠더

(1) 양성의 비대칭어휘
신자—여신자—*남신자
신도—여신도—*남신도
여승방—여승방—*남승방
여승당—여승당—*남승당
복사102)—여복사—*남복사
교우—여교우—*남교우
거사—여거사—*남거사

---

102) 가톨릭 미사 때, 사제를 도와 시중드는 일을 하는 사람.

성불―여인성불―*남인성불

여인결계―*남인성불

여인금제―*남인성불

여인당(절의 울 밖에 둔 여자가 독경 염불하는 당)―*남인당

(2) 양성의 대칭어휘

신 ―여신―남신

무당―여무(女巫: 여자무당)―남무

승―여승―남승

스님―여스님―남스님

여성은 종교 앞에서도 평등을 누릴 수가 없었다. 한국에서의 불교의 중심은 남성이다. 물론 '여스님'에 맞서는 '남스님'이라는 어휘가 존재하기는 하지만 '신자, 교우'의 어휘에서도 알 수 있는 바와 같이 믿음의 중심도 남성이다.

특히 불교와 관계가 있는 '여인당, 여인결계,[103] 여인금제[104]' 등은 여성차별을 단적으로 나타내는 어휘라고 생각한다.

다른 종교 속에서 여성은 어떻게 묘사되어 있는가에 대해 살펴보면 다음과 같다.[105]

---

103) 불교에서 여인금제의 구역.

104) 여성은 부정하다 하여 성소, 성물, 종교적 의식 따위에 접근 또는 참가를 금하는 습속. 미개 사회나 민속사회에서 흔히 볼 수 있다.

105) 이데(井出祥子監修: 1999)『ことばに見る女性』크레용하우스.

1) 기독교(디모데의 제1 편지 21장 15절)

여자는 조용해야 하며 모든 일에 남자에게 순종해야 한다. 여자가 가르치거나 남자의 위에 서거나 하는 것은 용서하지 않는다.

2) 힌두교 마두 법전(5장 148)

아기를 낳을 수 없는 여자는 8년 만에, 아기가 죽은 처는 10년 만에, 딸만 낳은 처는 11년 만에 바꿀 수 있다. 그러나 욕을 하는 처는 즉각 바꿀 수 있다.

3) 코란(여인의 章 15)

남자는 여자보다 우위에 있다. 이는 신이 우열을 나눈 것이며, 또 남자가 돈을 내기 때문이다. 그렇기 때문에 여자는 순종해야 하며…… 거역하는 여자는 침상에 방치하거나 또 때려도 좋다.

위에서 종교의 테두리 안에서의 여성상을 알아보기 위하여 기독교, 힌두교, 이슬람교의 경전의 일부분을 살펴보았다. 불교를 비롯하여 자유, 평등을 강조하는 기독교에서까지 여성의 지위는 남성의 보조자, 대를 잇는 수단에 지나지 않다는 것을 알 수 있다.

6.2.1.5. 성관계 어휘에 나타난 젠더

(1) 양성의 비대칭어휘
남근숭배—*여근숭배
여체—*남체
남총(예쁘게 생긴 남자가 특별한 사랑을 받는 일)—*여총

(2) 양성의 대칭어휘

여근—남근

여색—남색

'남근숭배'의 의미는 '남근처럼 생긴 돌이나 나무 따위의 자연물이나 또는 인공으로 만든 것을 생산의 신, 좋은 운수를 주는 신으로 받드는 원시신앙을 의미하며, 플러스이미지의 어휘이다. '여체'는 여성의 몸을 의미한다. 말하는 주체는 남성이며 말을 듣는 쪽은 여성이다. 남성에 의해서 만들어진 표현의 하나라고 할 수 있다. 여계(女戒)는 '여색을 삼가라는 의미'로서 여성을 성적 존재, 남성에게 해가 되는 존재로 비하하고 있다.

6.1.2.6. 여성관사의 신어

한국어에서의 여성관사에 대한 신어는 「신어의 조사연구」(1994)에 의하면 '여사원, 여성학자, 여해병'의 어휘가 있다. 남성관사에 대한 신어는 '남직원'이 있다. '여사원, 여성학자, 여해병'은 '사원, 학자, 해병'이라는 어휘에 관사 '여, 여성'이 붙은 것이다. '사원, 학자, 해병'은 '남'이라는 관사가 붙지 않아도 남성을 의미한다.

(1) 여사원

24일 방영한 「10년만의 휴가」는 고령 여사원의 일방적 퇴사라는 공감가는 주제를 다루었는데…… <조선일보 94. 7>

(2) 여성학자

여성학자이기도 한 김효선 씨는 "자유롭고 자의식이 강하던 여성들이 결혼 후 무디어지고 욕먹는 존재로 만드는 우리 현실을 파헤치고 싶었다."고 말한다. <조선일보 94. 9>

(3) 여해병

40년 동안 세인의 기억에서 사라졌던 제주의 여해병들이 10월 1일 국군의 날을 맞아…… <동아일보 94. 9>

(4) 남직원

감정·기획·조사·연구직 등 종합직과 일반사무·출납·타자직 등 일반적으로 직군을 나눠 남직원은 종합직에 여직원은 일반직에 넣는 신인사 제도는…… <한겨레 94. 8>

6.2. 일본어의 여성관사와 남성관사

6.2.1. 어휘자료와 선행연구

일본어의 여성관사, 남성관사의 용례는 한국어와 동일하게 사전에서 선정했다. 『일본국어대사전』(第2版 2002), 『광사원』(廣辭苑: 第5版 1998), 인터넷 GOO 사전106)에서 용례를 선정하였다.

어휘자료는 여성관사 '女, 女子(じょし) 女性(じょせい), 女流(じょりゅう), 女房(にょうぼう)'와 남성관사 '男, 男子(だんし), 男性(だんせい), 男房(なんぼう)'를 중심으로 어휘 용례를 뽑았다.

일본어는 한자를 음독과 훈독으로 읽으며, 하나의 한자에 읽은 방법이 여러 가지가 있는 경우가 많다. '女'의 경우도 'おんな, じょ, にょ, にょう, め' 등으로 읽는다. '男'의 경우도 'おとこ, だん, なん, お' 등으로 읽는다. 물론 읽는 방법만 다를 뿐 의미의 차이가 없는 경우107)도 많으나 우선적으로 읽는 방법을 기준으로 분류하였다.

이러한 어휘들의 의미를 중심으로 직업관계어, 지위관계어, 교육관계어, 신앙관계어, 性관련어 등으로 분류하여 젠더프리, 젠더페어의 정도를 살펴본다.

주가큐(壽岳章子: 1979)에서는 여○○보다는 여성○○, 여류○○ 쪽이 좀 더 나은 이미지를 갖고 있다고 서술하고 있다. 그러나

---

106) http://dictionary.goo.ne.jp 大辞林 第5版.
107) 예를 들어 女医(여의사)를 'じょい/にょい'로 두 가지 음으로 읽는다고 하는 것.

이러한 용어 사용의 구분보다 '남성이 아닌 인간이 남자가 하는 일을 하고 있다는 시각을 갖지 않는 것'이 중요하다고 한다.

여성관사에 대한 연구는 다나카(田中和子: 1984)[108]가 여성관사라는 용어를 사용하기 시작하면서 본격적인 연구가 이루어졌다고 할 수 있겠다. 이후, 스즈키(鈴木和枝: 1993)와 엔도(遠藤織枝: 1993/1997)에 이르러 다양한 연구가 여러 각도에서 이루어진다. 엔도는 신문의 인물소개와 잡지광고란에서 여성을 나타내는 어구와 표현과 일본어사전에 나타난 여성에 대한 연구결과를 발표하고 있다. 특히 남성과 여성을 나타내는 남성관사와 여성관사의 어휘에서 남성과 여성의 지위와 차별적인 상황이 여실히 드러나고 있으며, 그와 같은 상황이 재생산되어 가고 있다고 지적하고 있다.

다나카・모로하시(田中和子・諸橋泰樹: 1996)에서는 신문(1895 - 1991)에 나타난 여성관사, 남성관사에 대한 추이를 보고하고 있다. 그 결과, 여성관사는 좀 감소한 듯했으나 여전히 어휘 수가 많다, '여'가 붙는 어휘가 가장 많으나 종류, 양적인 면에서 약 절반으로 감소하게 되었다, '여성'이 붙는 어휘는 다소 증가한 반면, '여자'가 붙는 어휘는 반 정도로 감소현상을 나타내고 있다 그리고 '여류'가 붙는 어휘는 원래 많지 않았으나 다소 감소했다고 한다.

우에노(上野千鶴子: 1997)는 '미디어 속의 성차별을 생각하는 모임'과 함께 미디어 속에서 언어사용의 불평등, 횡포에 대한 경각심을 불러일으키고 있다. 그들의 주장을 살펴보면 다음과 같은 5개 항목으로 요약할 수 있다.

---

108) 타나카(田中和子: 1984) 「新聞にみる構造化された性差別表現」『マスコミと差別語問題』明石書店.

첫째, 언어는 권력이다.

둘째, 언어는 살아 있다.

셋째, 매스미디어는 권력을 행사하고 있다.

넷째, 표현을 둘러싼 투쟁은 미디어가 행사하는 권력과의 투쟁이다.

다섯째, 성차별어 가이드라인은 공권력에 의한 검열도 법률에 의한 규제도 아니며, 시민에 의한 '또 하나의 제안이다.

또한 이들은 젠더의 공정보도의 5원칙을 제안하고 있다.

첫째, 젠더프리(gender free)

둘째, 젠더페어(gender fare)

셋째, 양성의 대칭적 취급(parallel treatment)

넷째, 포괄적 표현(inclusiveness: 언어의 성차별을 피하여 man을 human bing으로 표현함)

다섯째, 탈고정관념(bias free)

사다케(佐竹秀雄: 2001)에서는 일반적인 언어생활에서의 여성관사는 신문과 동일하게 '여○○'는 감소하고 '여성○○'으로 교체되었다고 한다.

6.2.2. 여성관사와 남성관사의 어휘의 의미 분석

관사로 사용되는 여성을 상징하는 '여류, 여성, 여자, 여'의 사전적 의미를 『廣辭苑』(광사원, 1978)과 『大辭泉』(대사천: 2005)에서 조사해 본 결과, 27년의 갭이 있지만 의미의 큰 차이를 보기는 어렵다. 그 가운데 '여류'는 여성예술가, 기술가에 대한 플러스 이미지의 언급이 추가된 것을 알 수 있다. 그러나 '여'의 경우에는 4번의 의미에서 '매춘부'라는 마이너스적인 의미가 추가된 것은 안타까운 일이 아닐 수 없다.

<표6 - 3> 여성관사의 의미비교

	広辞苑　제2판(1978. 9)	大辞泉(증보·신장판 2005)
여류 (女流)	여성의 한 무리. 여자. 여성	여성. 부인. 여성예술가나 기술가 등으로 말함
여성 (女性)	여. 여자. 부인 또는 그 性↔남성, 문법용어→性	1. 여자. 부인. 일반적으로 성인이 된 여자를 말함. 2. 인도유럽어계의 문법에서 명사, 대명사, 형용사 등의 성구별의 하나. 남성, 중성에 대하여 사용됨.
여자 (女子)	여자아이, 딸, 여자, 부인↔남자	여자아이, 딸, 여자↔남자
여(女)	1. 인간의 성별의 하나로 아기를 낳을 수 있는 기관을 갖고 있는 사람. 2. 여자, 여성, 부인, 연령에 관계 없이 일반적으로 여성을 말함.	1. 인간의 성별에서 아기를 낳는 기능을 가진 쪽. 여성, 여자↔남 2. 성숙한 여성. 아기를 낳을 수 있는 성장한 여성. 3. 상냥하거나, 약하거나, 여자라고 생각할 수 있는 성질을 가진 사람. 4. 애인, 매춘부, 처

<표6 - 3>에서는 언급하지 않았으나 '婦人'이라는 단어도 여성차별을 나타내는 의미를 내포하고 있어 '여성'으로 대치하여 표현하는 경우가 많다고 한다. 도쿄의 생활문화국의 '婦人靑少年部婦

人計畵課'(부인청소년부 부인계획과)를 '女性靑少年部女性計畵
課'(여성청소년부여성계획과)로 명칭을 변경했다고 한다. 이와 같
은 현상은 '女性(じょせい)'이라는 말이 좀 더 새롭고, 문법용어나
학술용어로서도 사용되며 중립적인 의미를 갖고 있기 때문이라고
생각된다.

　<표6-4>와 <표6-5>는 사전에 나타난 여성관사의 어휘 수
를 살펴본 것이다. 표에서 알 수 있는 바와 같이 여성관사의 어휘
가 남성관사의 어휘 수보다 상당히 많다는 것을 알 수 있으며, 한
자의 읽는 방법이 다양한 일본어는 한국어보다 많은 수의 어휘항
목으로 나타나고 있다.

　가장 많은 비중을 차지하고 있는 것이 '女(おんな)'이며 남성관
사도 '男(おとこ)'로 나타났다. 한국어의 경우와 마찬가지로 '여○
○, 여성○○, 여자○○, 여류○○' 순으로 어휘가 많은 것으로
나타났다.

<표6-4> 사전에 나타난 여성관사의 어휘 수(%)

	日本国語大辞典	廣辞苑	인터넷 GOO
女(おんな)	285(50.8)	86(52.4)	72(43.6)
女(じょ)	118(21.0)	21(12.8)	19(11.5)
女(にょ)	60(10.7)	25(15.3)	23(13.9)
女(にょう)	5(0.9)	2(1.2)	3(1.8)
女(め)	30(5.3)	11(6.7)	15(9.1)
女房(にょうぼう)	39(7.0)	10(6.1)	8(4.9)
女子(じょし)	7(1.3)	3(1.8)	10(6.1)
女性(じょせい)	13(2.3)	5(3.1)	13(7.9)
女流(じょりゅう)	4(0.7)	1(0.6)	2(1.2)
합계	561(100.0)	164(100.0)	165(100.0)

<표6 - 5> 사전에 나타난 남성관사의 어휘 수(%)

	日本国語大辞典	廣辞苑	인터넷 GOO
男(おとこ)	169(73.8)	72(67.3)	63(66.3)
男(だん)	37(16.1)	19(17.8)	19(20.0)
男(なん)	8(3.5)	5(4.7)	3(3.2)
男(お)	7(3.1)	6(5.6)	5(5.3)
男房(なんぼう)	1(0.4)	1(0.9)	1(1.0)
男子(だんし)	2(0.9)	1(0.9)	1(1.0)
男性(だんせい)	5(2.2)	3(2.8)	3(3.2)
*男流(だんりゅう)	0 (0.0)	0(0.0)	0 (0.0)
합계	229(100.0)	107(100.0)	95(100.0)

6.2.2.1. 직업 및 지위의 어휘에 나타난 젠더

(1) 양성의 비대칭어휘

作家(작가)─女流[109]作家(여류작가)─*남류작가

詩人(시인)─女流詩人(여류시인)─*남류시인

文士(문사)─女流文士(여류문사)─ * 남류문사

醫師(의사)─女醫(여의)─ * 남의

王(왕)─女王(여왕)─*남왕

敎師(교사)─女敎師(여교사)─*남교사

俳優(배우) ─女俳優(여배우)─*남배우

給使(급사)─女給(여급)─*남급

主人(주인)─女主人(여주인)─*남주인

---

109) '여류'의 여성관사로 이루어진 직업관계어의 어휘가 다음과 같이 수록되어 있나. 사전에
나타난 어휘보다 다양하게 표현되고 있다. 아직은 사전 등재어가 되지 않았다.

主人公(주인공)—女主人公(여주인공)—*남주인공

將軍(장군)—女將軍(여장군)—*남장군

丈夫(장부)—女丈夫(여장부)—*남장부

軍人(군인)—女軍(여군)—*남군

戶主(호주)—女戶主(여호주)—*남호주

盜人(도둑)—女盜(여도둑)—*남도둑

家老(가로)—女家老(여가로)—*남가로

地主(지주)—女地主(여지주)—*남지주

辯士(변사)—女辯士(여변사)—*남변사

武士(무사)—女武士(여무사)—*남무사

書生(서생)—女書生(女書生)—*남서생

浪人(낭인)—女浪人(女浪人)—*남낭인

事務員(사무원)—女事務員(女事務員)—*남사무원

按摩(안마)—女按摩(여안마)—*남안마

(2) 양성의 대칭어휘

男因(남인: 남자죄수)—女因(여인: 여죄수)

男工(남공)—女工(여공)

男主(남주: 남자주인)—女主(여주: 여자주인)

男親(남친)—女親(여친)

男所帶(남소대: 남자세대주)—女所帶(여소대: 여자세대주)

男世帶(남세대)—女世帶(여세대)

男使(남사: 남자 심부름꾼)—女使(여사: 여자 심부름꾼)

男弟子(남제자)—女弟子(여제자)

男妾(남첩)―女妾(여첩)

男芸者(남자기생)―女芸者(여자기생)

男客人(남객인)―女客人(여객인)

男役者(남역자: 남자배우)―女役者(여역자: 여자배우)

男兄弟(남형제)―女兄弟(여형제)

男使(남사: 남자 심부름꾼)―女使(여사)

일본어에서는 한국어와 마찬가지로 직업 및 지위를 나타내는 어휘에서는 남성을 기준으로 하고 있다. 여성의 직업 및 지위는 유표항으로 나타난다.

남성을 마이너스 이미지로 표현한 것 가운데는 '도둑'이 있다. 그리고 양성의 대칭어휘 가운데 남자기생이라는 어휘가 여자기생이라는 어휘와 동등하게 사전에 등재되어 있다.

일본어에서도 직업·지위에 관한 어휘는 젠더 프리, 젠더페어의 측면에서 볼 때 공평성이 결여되어 있는 것을 알 수 있다.

6.2.2.2. 교육 어휘에 나타난 젠더

(1) 양성의 비대칭 어휘

敎育(교육)―女子敎育(여자교육)―*남자교육

大學(대학)―女子大學(여자대학)―*남자대학

高等師範學校(고등사범학교)―女子高等師範學校(여자고등사범학교)―*남자고등사범학교

專門學校(전문학교)―여자전문학교―*남자전문하교

大學生(대학생)―여자대생(女子大生)―*남자대생

學習院(학습원)―여자학습원(女子學習院)―*남자학습원

塾(숙: 학원)―여숙(女塾)―*남숙

(2) 양성의 대칭 어휘

男弟子(남제자)―女弟子(여제자)

男生徒(남생도)―女生徒(여생도)

교육 어휘에서도 의미의 중심은 남성에 있다. 일본에서 여성의
교육이 이루진 것은 메이지시대에 들어서부터이며 당시 여성의 교
육은 소학 4년까지가 의무교육이었으며, 약 9세, 10세 정도부터 차
별적인 교육을 받게 된다. 말하자면 신부수업을 위주로 한 '家'안
에서의 여성의 역할에 대한 교육이 전부였다. 현대에 이르러서도
남성이 중심이 된 교육에 대한 용어는 쉽게 바뀌지 않고 그대로
사용되고 있는 실정이다.

6.2.2.3. 일상·문화 어휘에 나타난 젠더

(1) 양성의 비대칭 어휘

歌舞伎[110](가무기: 가부키)―女歌舞伎(여가부키)―*남가부키

狂言[111](광언: 쿄겐)―女狂言(여자쿄겐)―*남자쿄겐

淨琉璃[112](정류리: 죠루리)―女淨琉璃(여자죠루리)―*남자죠루리

---

110) 에도(江戶)시대에 발달하고 완성된 일본 특유의 민중연극.

111) 일본 전통예능의 한 가지로 能樂 <일본의 가면음악극>의 막간에 상연되는 대사 중심의 희극.

112) 三味線(샤미센: 삼현으로 된 일본 고유의 현악기. 사각형의 납작한 동체 양쪽에 고양이

相撲(상박: 스모)—女相撲(여자스모)—*남자스모

袴(하카마: 치마모양의 하의)—女袴(여자하카마)—*남자하카마

格鬪技(격투기)—女格鬪技(여자격투기)—*남자격투기

週刊誌(주간지)—女性週刊誌(여성주간지)—*남성주간지

足袋(족대: 버선)—女足袋(여족대)—*남족대

草履(초리: 전통슬리퍼)—女草履(여초리)—*남초리

(2) 양성의 대칭 어휘

男性語(남성어)—女性語(여성어)

男帶113)(남대: 남자오비)—女帶(여자오비)

男下駄114)(남하태: 남자게타)—女下駄(여자게타)

男芝居(남지거: 남자연극)—女芝居(여자연극)

男文字(남문자: 남자문자)—女文字(여자문자)

男湯(남탕)—女湯(여탕)

男舞(남무: 남자무용)—女舞(여무)

男扇(남선: 남자부채)—女扇(여선)

문화 일상어에서도 의미의 중심은 남성에 있으며, 일본어에서는 일본 문화의 상징으로 알려져 있는 쿄겐, 가부키, 죠루리 등에서도 남성이 그 중심적 역할을 한다. 그러나 대칭관계에 있는 어휘도 많이 나타나고 있는 점이 주목할 만하다.

가죽을 댔음)의 반주에 맞추어 특수한 억양과 가락을 붙여 엮어 나가는 이야기의 일종.
113) 일본 옷에서 허리에 두르는 띠.
114) 게타는 일본의 신발의 일종으로 나무로 만들어졌으며, 나막신을 말한다.

6.2.2.4. 종교 어휘에 나타난 젠더

(1) 양성의 비대칭 어휘
神仙(신선)—女仙(여선: 여자신선)—*남자신선
成佛(성불)—女人成佛(여인성불)—*남인성불
菩薩(보살)—女菩薩(여보살)—*남자보살
巡禮(순례)—女巡禮(여순례)—*남순례
施主(시주)—女施主(여시주)—*남시주
達磨(달마)—女達磨(여달마)—*남자달마
法師(법사)—女法師(여법사)—*남자법사
寺(사: 절)—女寺(여자절)—*남자절

(2) 양성의 대칭 어휘
男神(남신)—女神(여신)
男巫(남무: 남자무당)—女巫(여자무당)
男禁制(남금제)—女禁制(여금제)

종교 및 신앙관계어휘에서는 한국어와 동일하게 특히 불교에서 여성을 차별하는 어휘가 많이 있다. 성불이나 보살과 같은 어휘는 그 어휘자체가 남성을 의미한다.

여인금제(女人禁制), 여성금제(女性禁制)는 일정장소에 여성의 출입을 금지시키는 습속으로, 사원이나 산악의 여인금제는 1872년(明治5년)의 포고 98호에 의해 제도적으로 폐지되었으나 실제는 여인금제가 관습화되어 사찰이나 신사, 산악 등 일정의 신성 지역에

출입을 금지하는 경우가 많다. 이것은 여성은 부정하다는 '不淨觀'에 근거한 전 근대적인 사고방식에서 기인한다고 생각한다. 여성은 어떤 종교로부터도 보호받지 못하는 위치에 있었다. 현대에 이르러서도 이러한 사상이 완전히 불식되지 못한 것은 안타까운 일이 아닐 수 없다. 그러나 일본어에서는 '남금제'라는 어휘가 있는 것이 한국어와는 다르다고 볼 수 있겠다.

6.2.2.5. 성관계 어휘에 나타난 젠더

(1) 양성의 비대칭 어휘
男寵(남총)—*여총

(2) 양성의 대칭 어휘
男色(남색)—女色(여색)
男根(남근)—女根(여근)
男體(남체)—女체(여체)

성관계 어휘에서 남성을 마이너스 이미지로 나타내는 유일한 어휘는 '남총'이 아닌가 한다. 남총은 '예쁘게 생긴 남자가 특별한 사랑을 받는 일'이라는 의미로 사용되며, 현대어에서의 사용은 많지 않으나, 남성을 마이너스 이미지로 나타낸 어휘라는 점이 특이하다고 할 수 있다.

6.2.2.6. 여성관사의 신어

인터넷 사전 GOO에서 다음과 같은 신어를 찾아볼 수 있다.

女性綜合外來(여성종합외래)
女性專用車輛(여성전용차량)
女性專用버스(여성전용버스)
女性差別撤廢條約(여성차별철폐조약)

위의 어휘들은 모두 여성이라는 관사를 사용하고 있다. 앞서 지적한 바와 같이 여자와 관계된 새로운 낱말들은 거의 모두가 여성과 결부되어 쓰인다는 것을 신어에서 다시 확인할 수 있다. 따라서 여권관련어는 여자○○보다는 여성○○로 표현하는 경우가 더 많다는 것을 알 수 있다.

한편, 현재 사전에는 등재되어 있으나 신문지상에서 사라진 여성에 관련된 어휘들도 있다. 이하의 어휘들은 사전에는 그대로 등재되어 있다.

情夫(정부), 情婦(정부), 繼母(계모), 女工(여공), 女給(여급), 老母(노모), 人妻(인처: 남의 아내)·若妻(젊은 처), 老女(노녀)·老婆(노파)·老婦(노부: 늙은 부인), 處女列車(처녀열차), 未亡人(미망인), パンパン(길거리에서 손님을 호객하는 매춘부)

위의 어휘들은 昭和20년(1945년)부터 약 60년에 걸쳐서 신문지상에서 표제어로 사용되었으나, 현재는 다른 어휘로 대치되거나, 사용하지 않게 되었다고 한다. '情夫, 情婦, 女工, 女給'은 현재 교도통신사(共同通信社)기자 핸드북에서 차별어·불쾌용어로 지적하여 '애인, 여자 종업원, 웨이트레스, 도우미' 등으로 바꾸어 표현하고 있다.

특히 'パンパン'은 길거리에서 손님을 호객하는 매춘부라는 의미로 昭和20년대에 자주 사용하던 어휘이다. 국가 정책의 일환으로 점령군의 성적 위안을 목적으로 여성들을 모집하였는데, 대부분의 여성들이 '신일본여성'이라는 캐치프레이즈에 이끌려 전국에서 직장을 구하려고 모여들었으며 그 실상을 알지 못하는 여성들이 전쟁의 희생물이 되었던 것이다.[115]

'老母, 人妻(남의 아내)·若妻, 老女·老婆·老婦'는 어떤 근거나 기준 없이 여성을 연령, 모습에 의해 평가하고 있는데, 이것은 젠더페어에 어긋나는 차별이라고 생각된다.

6.2.2.7. 뉘앙스가 다른 양성의 대칭어휘

男盛り(남자의 한창때)—女盛り(여자의 한창때)
男振り(남자다운 풍채, 용모)—女振り(여자다운 풍채, 용모)
男冥利(남자로 태어난 기쁨)—女冥利(여자로 태어난 기쁨)
男手(남자의 힘)—女手(여자의 힘)

'男盛り'는 '남자의 한창때'라는 의미이며 '女盛り'는 '여자가

---

115) 우에노(上野千鶴子: 1996)『きっと變えられる性別語－私たちのガイドライン』三省堂 pp.22～23.

한창때'라는 의미이다. 표면적인 의미는 젠더페어처럼 보이지만, 실제적인 의미는 남자의 한창때라는 기준은 한창 열심히 일을 할 때라는 의미이고 여성의 한창때라는 것은 여성이 가장 아름다울 때를 의미한다.

'男振り'는 '남자다운 풍채, 용모'를 의미하고 '女振り'는 '여자다운 풍채, 용모'를 나타낸다. 하지만 이 경우도 남자의 경우는 면목, 체면이라는 의미가 추가되지만, 여자의 경우는 그대로 용모만을 나타낸다는 점이 다른 점이라 할 수 있다.

'男冥利, 女冥利'는 위에서 제시한 의미를 갖고 있지만, 여성의 경우는 특히 자신이 호감을 갖고 있는 남성으로부터 좋은 대우를 받는다는 의미를 함께 지니고 있다.

'男手, 女手'도 젠더 페어에 어긋난 어휘로서 남자는 돈을 버는 쪽, 여자는 가사와 육아라는 남녀역할 분담의 의식이 명백히 느껴지는 예라 할 수 있겠다.

이상 한국어와 일본어의 여성관사, 남성관사의 어휘들을 <표6-6>과 같이 정리해 보았다. 한국어와 일본어가 동일하게 대조되는 5개 부분인 직업·지위에 관한 어휘, 교육어휘, 일상·문화어휘, 종교·신앙관계어휘, 성관계어휘에 대해서 비대칭어휘와 대칭어휘에 대해 나누어 용례 수를 알아보았다. 직업·지위의 어휘에서 비대칭어휘와 대칭어휘의 차를 가장 많이 보이고 있으며 다른 항목에서도 비대칭어휘가 우세를 보이고 있으나 일상·문화어휘에서는 비대칭어휘와 대칭어휘가 비슷한 양상을 보이고 있다.

<표6-6> 여성관사, 남성관사의 대칭·비대칭어휘의 수 비교

	한국어		일본어	
	비대칭어휘(%)	대칭어휘(%)	비대칭어휘(%)	대칭어휘(%)
직업·지위의 어휘	27(79.4)	7(20.6)	23(62.2)	14(37.8)
교육 어휘	9(81.8)	2(18.2)	7(77.8)	2(22.2)
일상·문화어휘	11(50.0)	11(50.0)	9(53.0)	8(47.0)
종교·신앙관계어휘	11(73.3)	4(26.7)	8(72.7)	3(27.3)
성관계 어휘	3(60.0)	2(40.0)	1(25.0)	3(75.0)
합계	61(70.1)	26(29.9)	48(61.5)	30(38.5)

6.3. 결과 및 고찰

한국어와 일본어의 여성관사와 남성 관사를 사전을 통해 살펴본 결과 다음과 같은 결론을 얻게 되었다.

첫째, 한국어와 일본어에서는 여성관사의 어휘 수가 남성관사의 어휘 수보다 많다.

남성은 모든 분야의 기준, 근본이 되므로 남성관사가 붙는 어휘의 수가 당연히 적게 나타나고 여성관사가 붙은 어휘가 증가하게 된 것이다.

한국어와 일본어의 어휘 수를 비교해 보면 일본어의 어휘 수가 많다는 것을 알 수 있다. 그 이유는 일본어가 한국어와 달리 한자의 읽는 방법이 다양한 것에 기인한 것이라고 생각된다.

둘째, 의미의 측면에서 보넌 대부문의 어휘가 남성 중심적, 즉 무표적인 의미를 갖고 있음을 알 수 있다. 따라서 여성을 나타내는 어휘는 여성관사가 붙음으로써 부가적이며, 유표적인 의미를 갖는다.

셋째, 한국어와 일본어는 한자로부터 차용된 어휘가 그 어휘체계의 근간을 이루고 있는 점에서 유사하다. 따라서 한국어와 일본어의 어휘에 비슷한 여성관사, 남성관사가 많이 나타난다.

넷째, 남성차별어로서는 '남자결사'116) '남총'117)이 있다. 이는 한국어와 일본어에 동일하게 존재하는 어휘이다. '남자결사'는 현대어에서는 의미를 상실한 어휘이기는 하나, 남성차별어로는 대표적인 것이라 할 수 있다.

다섯째, 비대칭어휘와 대칭어휘의 수는 비대칭어휘 쪽이 어휘수가 더 많은 것으로 나타났으나, 일상・문화어휘에서는 비대칭어휘와 대칭어휘가 비슷한 어휘 수를 보이고 있다.

이상에서 살펴본 바와 같이 이러한 결과는 한국사회나 일본사회가 아직은 젠더페어의 사회를 이루기에는 많은 시간이 필요할 것이라는 어두운 전망을 시사하는 것이다. 그리고 사전은 언어 변화의 측면을 재빨리 수용하지 못하고 있다는 결론을 얻게 되었는데, 이는 일상 회화나 미디어에서는 수용되어 사용하고 있는 여성관사의 어휘가 사전에는 아직 등재되어 있지 않은 것들이 많다는 것을 알 수 있다.

---

116) 남성만으로 이루어진 폐쇄적인 집단. 모권제 밑에서 부자연한 여성지배에 대한 반발로서 발생한 집단.

117) 예쁘게 생긴 남자가 특별한 사랑을 받는 일.

한국어 연구에서 구현정은 '여자○○'나 '여○○'에서 '여성○
○'으로 여성의 직업이나 지위어를 바꾸어야 한다[118]고 한다. 그러
나 그보다는 여성, 여자 등의 관사를 사용하지 않고, 여의사보다는
의사, 여성장관보다는 장관이라는 어휘를 사용할 수 있는 젠더프리
의 표현을 희망한다.

따라서 이러한 편견의 근본문제를 해결하기 위해서는 스테레오
타입의 사고방식을 버리고 젠더페어, 젠더프리, 바이어스프리로 사
고의 개선을 해 나가야 한다고 생각한다.

---

118) 구현정(1995) 「남성형-여성형 어휘의 형태와 의미구조」 『국어학』 25 p.133.

제7장

속담에 나타난 젠더표현

7.1. 속담의 특성과 선행연구

한국어의 속담의 개념에 대하여는 다음과 같은 사전적 정의를 들 수 있다.

『우리말 속담 큰사전』(송재선: 1983, 서문당)

광의적으로는 어떤 말이라도 일정한 형을 가지고 항간에 떠돌아다니는 것은 모두 속담의 범주에 속한다. 협의적으로는 어떤 종류의 교훈, 機智, 상상, 경계, 비유, 풍자 또는 모든 관찰 경험에 도움이 되는 지식을 표현하는 말로서, 즉 인간 생활에 관한 진리를 말할 목적으로 쓰이는 말을 의미한다.

『새 우리말 큰 사전』(신기철, 신용철: 1986, 삼성출판사)

어느 때, 어디서, 누가 말했는가는 모르나, 그것이 그 주위 사람들의 마음속에 깊은 동감을 얻고 널리 퍼져서 온 민족에게 공통된 격언, 속된 이야기

일본어에서는 속담의 정의에 대하여 다음과 같은 사전적 정의를 내리고 있다.

『日本國語大辭典』(2002, 小學館)

예부터 세상에 널리 퍼져 익숙해진 말로서 교훈이나 풍자 등을 포함한 짧은 구

『日本俗談辭典』(若松實: 1988/2004, 서문당)

오랜 세월을 거쳐 각 시대에 살아온 선인들 사이에서 형성되어 각 시대의 사람들의 共鳴과 공감을 얻어 현재까지 전승되어 물려받은 서민의 격언으로서 교훈, 풍자, 유희 등의 뜻이 담긴 짧은 말이다.

한국어와 일본어의 속담의 정의는 흡사한 면을 갖고 있다고 할 수 있다. 속담은 언제 누가 만들었는지 확인할 수 없으나 민중의 역사 속에서 생성, 성장해 온 것으로 그 사회의 공통된 사상, 감정 등을 담고 있어서 그 단면들을 함축하고 있다고 할 수 있을 것이다.

속담의 본질은 인간세상, 사회나 자연의 여러 모습을 비평하고 그 진실을 적확하게 파악하여 간결한 언어로 표현한 언어작품이다.

속담의 특성을 살펴보면, 간결성, 비유성, 詩歌性, 교훈성, 관용성, 사회성 등을 들 수 있다. 속담은 일상생활에 있어서 태도나 행동을 선택, 결정할 때 근거가 되며 그들을 정당화, 합리화하기 위한 것으로 작용한다.

속담의 성격에는 이를 사용하는 언중의 공통된 인식과 관습이 반영되어 있으며 어떤 대상이나 행위에 대한 금지, 경계, 교훈에 대한 의미를 내포하고 있다. 여성에 관한 속담이 많다는 것은 곧 여성과 관련된 경계나 교훈이 많았기 때문인 것으로 풀이될 수 있다.

즉 전통적인 남권 사회에서 여성에게 제약을 줌으로써 남성이 주체가 되는 사회질서를 확립하기 위한 방편으로 속담, 속언을 필요로 한 것으로 볼 수 있다.

여성에 관련된 속담을 살펴보면 과거 전통사회로부터 현재에 이르기까지 여성이 어떠한 사회적 대접을 받아왔는지 그 양상을 파악할 수 있을 것이다. 전통적인 유교사회는 가부장제하의 남성중심 사회였고 그에 따라 여성은 남성에 비해 열등한 존재로 여겨져 사회적으로 많은 제약을 받았다. 이러한 현상은 현재에도 끊임없이 이루어지고 있다는 것을 감안할 때 일시적으로 나타나는 사회적 현상이 아니라 전통사회 이래로 현대에 이르기까지 사람들의 잠재의식 속에서 계속적으로 하나의 연결고리를 형성하고 있다는 것을 알 수 있다. 이러한 연결고리 역할을 담당하고 있는 것이 바로 속담이 아닌가 한다. 따라서 속담에는 젠더가 잘 나타나는 부분이라 할 수 있겠다.

여성에 관련된 속담들을 살펴보면 전통사회의 여성은 남녀유별이라는 관념이 만들어 낸 내외의 관습에 의해 그 생활은 오직 규방에만 국한되었으며, 가정 내에 있어서 현모양처를 이상으로 삼았던 전통적 여성관에 의거한 것들이 많다. 이러한 속담 속에 그려진 여성의 모습은 여성의 진실보다는 여성의 모습을 왜곡시킨 차별상을 나타낸 것이라고 볼 수 있다.

본 장에서는 여성을 소재로 하는 속담에 대하여 살펴보고자 한다. 한국의 속담의 경우, 여성에 관련된 속담은 여성을 '여자, 계집, 여편내' 등으로 시칭하는 속담도 있고 여성에 역할에 따라 '아내, 며느리, 딸 등을 소재로 한 속담도 다수 있다. 그러나 본고에서는 주로 '여자'로 시작되거나 '여자'가 들어간 속담을 중심으로 살펴보고자 한다. 그리고 남성에 관련된 속담의 경우 그 수가 적기 때문에 '남자, 사내, 가장' 등으로 표현된 속담도 조사의 대상에 넣었다.

일본의 속담의 경우도 한국의 속담과 동일하게 '女, 女子, 女房: 여자'가 들어간 속담을 중심으로 살펴보았으며,[119] 남성에 관한 속담도 '男: 남자'가 들어간 속담을 주로 다루었다.

여성을 소재로 하는 속담의 경우, 그것이 폐쇄적인 전통사회의 가치관을 바탕으로 한 것이 적지 않기 때문에 현대사회의 질서와 부합하지 않는 것이 의외로 많다고 할 수 있다. 그러나 그 속담들이 언중들 사이에서 아직 생명력을 가지고 통용되고 있다는 것은 그러한 구시대적인 가치관이 완전히 불식되지 않았음을 뜻하고 있다고 할 수 있겠다.

한국어와 일본어의 속담의 분석 방법은 사전에서 용례를 뽑아 여성과 남성에 관한 속담을 마이너스 이미지로 표현한 것과 플러스 이미지로 표현한 것으로 구분하고 젠더페어, 젠더프리의 측면에서 살펴보기로 한다.

분석 자료인 사전은 다음과 같다.

『여성속담사전』(송재선 편저: 1995)
『속담사전』(이기문 편저: 2001)
『日本のことわざ』가네코(金子武雄: 1976)

---

119) 몇몇의 속담 중에는 아내, 첩에 관한 것도 포함되어 있다.

『故事俗信 ことわざ大辞典』(1992, 小學館)

위의 속담을 분석한 결과 다음과 같은 결과를 얻을 수가 있었다. <표 7-1>에서 알 수 있는 바와 같이 남성에 대한 속담은 여성에 대한 속담보다 현저히 적다는 것을 알 수 있다.

<표 7-1> 한국과 일본의 속담의 용례 수(%)

한국의 속담		일본의 속담	
남	여	남	여
8(11.9)	59(88.1)	9(12.7.0)	62(87.3)

한국어에서의 여성 속담의 연구는 이을환(1963)에서 비롯되었다. 그는 여성 속담의 내용이나 언어형식의 특성을 밝히는 데 관심을 보이고 있다. 이을환(1971)에서는 여성 속담을 자료로 한국 속담의 문법 구조를 분류하고 있다. 김종택(1978)에서는 여성의 사회적 위치에 대해 관심을 보이고 있으며, 강주헌(1995)에서는 속담을 대상으로 우리말에 나타난 성차별 구조를 밝히고 있다. 송재선(1995)에서는 여성에 관련된 속담이 남성 관련 속담에 비해 수적으로 훨씬 더 많다고 보고하고 있다. 조사한 속담 55,000여 구 가운데 90% 이상이 여성 속담이라고 한다.

전혜영(1999)에서는 속담의 은유방식에 나타난 여성의 사회적 위치에 대하여 언급하고 있다. 은유방식은 사물화 은유, 동물화 은유, 식물화 은유, 음식물 은유 등으로 나누어 조사하였다.

연구논문 이외에 학위논문으로 속담에 대한 한국어와 일본어를 대조한 것이 여러 편이 있다.[120]

일본어의 여성 속담 연구는 다른 분야의 젠더표현 연구보다는 활발한 연구가 이루어지지는 않았다고 할 수 있다. 대표적인 여성속담 연구자는 와타나베(渡辺友左: 1995)를 들 수 있다. 그는 여성과 남성을 제재로 한 속담카드 265매를 (1) 여성을 제재로 한 것 (2) 남성을 제재로 한 것 (3) 남녀를 제재로 한 것, 세 가지로 분류하였다. 그 결과를 다음과 같이 다섯 항목으로 나누어 제시하고 있다.

첫째, 여성을 제재로 한 속담이 압도적으로 많은 것으로 나타났다.
여성을 제재로 한 것이 170매, 남성을 제재로 한 것은 66매로 여성을 제재로 한 것이 약 65% 정도를 차지하고 있다.
이는 일본사회가 남성 우위의 사회이고, 남성보다도 여성에게 보다 많은 비평의 시선을 보내고 있는 결과로 해석된다.
둘째, 여성을 마이너스 평가한 것이 많다.
셋째, 여성을 플러스 평가한 것은 극히 적다.
즉 속담의 세계에서는, 일본의 여성은 철저하게 마이너스 방향으로 평가되어 왔다. 여기에는 일본사회의 여성차별의 이데올로기가 완전히 반영되어 있다고 해석된다.
넷째, 성적 관계의 속담에는 모순된 내용이 많다.
이것도 남성본위, 여성차별의 사회였기 때문에 존재할 수 있는 모순일 것이라고 생각한다.

---

120) 최성곤(1995)「한·일 양국 속담의 비교고찰 — 여성과 관계된 속담을 중심으로 —」한국외국어대학 석사논문.
안미정(1998)「한·일 양국 속담의 비교연구 — 여성에 관련된 속담을 중심으로 —」고려대 교육대학원 석사논문.
서동래(2003)「한·일 양국 속담에 나타난 여성에 대한 성차별 의식 고찰」경상대 교육대학원 석사논문.

다섯째, 여성의 속담에는 용모·화장을 제재로 한 것이 많다.
남성의 용모를 제재로 한 속담은 극히 적다.

하야시(林眞理子: 2003)는 『여성속담사전(女のことわざ辭典)』에서 직접적인 여성에 관계되는, 여성이 주인공이 되는 속담을 다루지는 않았으나, 속담을 중심으로 여성에 관계된 여러 가지 이야기들을 논하고 있다.

7.2. 한국의 속담

7.2.1. 여성에 대한 마이너스 이미지의 속담

7.2.1.1. 여성을 무능력자로 묘사

(1) 여자가 너무 알아도 팔자가 세다.

(2) 여자가 공부해서 도원수 된 데 없다.

(3) 여자가 활수면 벌어들여도 시루에 물붓기다.

(4) 여자가 버는 것은 쥐벌이다.

(5) 여자가 바깥일에 나서면 될 일도 안 된다.

(6) 아내가 남편보다 너무 똑똑하면 집안이 망한다.

(7) 여자의 식견은 남자의 의견만 못 하다.

(8) 여자는 서 발 앞도 못 본다.

여성을 무능력자로 묘사한 속담은 (1), (2)와 같이 여성의 교육의 불필요성에 대한 것과 (3), (4)와 같이 여성은 바깥에서 돈을 버는 역할보다는 가정 내에서의 역할이 중요하다는 것을 역설적으로 강조하고 있다. 그리고 (6), (7), (8)에서 알 수 있는 바와 같이 여성은 남성의 식견이나 지혜에 따르지 못한다는 강한 부정의 의미를 내포하고 있는 것이 대부분이다.

7.2.1.2. 여성을 남성의 방해자로 묘사

(9) 물에 빠진 사람은 건져도 여자에게 빠진 사람은 못 건진다.
(10) 아침에 여자와 말다툼하면 재수가 없다.
(11) 여자가 남자의 신을 밟으면 재수가 없다.
(12) 여자가 남자 앞을 가로질러 가면 재수가 없다.
(13) 여자 입에 오르내리면 남자는 못 큰다.
(14) 여자가 살림을 못하면 남자 등골이 빠진다.

(9)에서는 여성을 인격적인 인간으로 생각하지 않고 성적인 면만을 강조하여 경시하는 경향을 나타내고 있다. (10)~(13)에서는 여러 가지 비유를 들어 여성은 재수 없는 인간이라고 매도하고 있다.

7.2.1.3. 여성을 남성의 의존적 존재로 묘사

(15) 여자와 집은 임자 만날 탓이다.
(16) 여자 팔자는 남자 만나기에 달렸다.
(17) 여자 팔자는 시집을 가봐야 안다.

(18) 여자는 남편사랑 먹고 산다.

(19) 여자 팔자는 두레박 팔자다.

(20) 여자는 남자 손에 붙은 밥풀이다.

(21) 여자는 남편 하나 믿고 시집간다.

(15)~(21)에서는 여성은 남성을 의존하여 살아가는 존재로 묘사되어 있다. 현재 21세기에는 자신을 직업을 갖고 자유롭게 살아가는 여성들이 많이 있다. 결혼 적령기라는 말이 무색할 정도로 독신을 주장하며 살아가는 여성들이 늘어나고 있다고 한다. 그런 여성들에게는 시대착오적인 속담들이 피부에 와 닿지 않을 것이다. 그러나 약 1세기 전의 여성들에게는 당연한 일로 받아들여졌을 것임에 틀림없다.

현재 우리의 생각은 얼마나 바뀌었을까? 아직도 연배가 있는 부모님들은 결혼이 여성의 팔자를 바꿀 수 있는 가장 좋은 기회라는 것을 부정하지 않는다. 어떤 잘못된 사고가 단번에 좋은 이미지로 바뀔 수는 없지만, 무조건적이며 편파적인 사고는 불식되어야 한다고 생각된다. 합리적인 사고 안에서 남성, 여성을 평가할 수 있는 시대가 되었으면 한다. 여성은 남성에게 소중한 존재이고 남성도 여성에게 소중한 존재임을 서로 인정하는 사고의 전환이 필요하다고 생각된다.

7.2.1.4. 여성을 수다쟁이로 묘사

(22) 여자 셋이 모이면 사발도 말을 한다.

(23) 여자 셋이 모이면 접시에 구멍을 뚫는다.

(24) 여자가 열이 모이면 쇠도 녹인다.

(25) 계집년 말 많은 것은 하늘도 안다

(26) 여자가 잔소리가 많으면 집안이 망한다.

(27) 여자가 말이 많으면 과부가 된다.

(28) 잔소리는 여자의 버릇이다.

(29) 여자가 말이 많으면 장맛이 쓰다.

(30) 여자는 혀가 길고 남자는 손이 길다.

(31) 여자들과 모사하면 누설된다.

여성이 수다쟁이로 묘사되는 속담은 한국의 속담과 일본의 속담이 비슷한 부분이 많다. (22), (23)과 같이 '여자가 셋이 모이면……'으로 시작하는 것은 한국속담과 일본속담이 동일하다. 물론 문화적 환경적 요인이 다르기 때문에 아주 동일하다고는 할 수 없으나 그 의미는 흡사한 부분이 많다. 남성과 여성은 근본적으로 신체적, 정신적으로 다른 아이덴티티를 갖고 있다고 생각된다. '수다' 또한 그런 것이라고 생각한다. 여성에게 있어서 '수다'는 일종의 생산적인 면을 가지고 있다. 적당한 수다는 '마음의 정화(카타르시스)'를 가져다준다고 생각된다.

금년 2005년 제9차 세계여성대회가 이화여자대학에서 개최되었다. 그와 관련된 다음의 신문 기사는 여성의 아이덴티티를 존중해 주는 글이라기보다 여성을 단순히 '수다를 부리는 사람'이라는 인상을 줄 뿐 아니라 여성이 남성의 하위자로 묘사되어 있다. 안타까운 일이 아닐 수 없다.

접시가 깨지지 않을까 걱정해야 한다. 여자 셋이 아니라 3000명이 몰려온다. 그것도 각국에서 한 가닥 하는 여성학자, 여성운동가들이다. <동아일보 2004 12월 31일자>

7.2.1.5. 여성을 질투의 화신으로 묘사

(32) 여자는 남편 옆에 있는 암고양이만 있어도 질투한다.
(33) 여자는 질투심과 허영심을 빼면 두 근도 안 된다.
(34) 여자는 샘 보와 아기 보를 빼면 서 근도 안 된다.
(35) 여자는 질투를 빼면 두 근도 안 된다.

한국에서 여성이 질투를 하는 것은 '칠거지악'에 해당되는 나쁜 습속으로 여겨져 왔다. 일본에서도 질투는 여성에게 금기시하는 것이었다. 한국의 당시의 사회상을 살펴보면 여성은 남성의 어떤 행동에도 자신은 불만이나 질투를 말할 수 없는 사회 구조 속에서 살아가고 있었다. 이러한 상황하에서 여성에게만 부처님과 같은 삶을 요구하는 사회에 문제가 많았다고 생각한다. 질투는 여성만이 갖고 있는 특성이 아니라 인간이면 누구라고 지니고 있는 인성이라고 생각된다.

7.2.1.6. 여성을 변덕스런 인간으로 묘사

(36) 가재와 여자 가는 방향을 모른다.

(37) 겨울 날씨와 여자의 마음은 못 믿는다.

(38) 여자 마음은 하루 열두 번 변한다.

(39) 계집은 상을 들고 문지방을 넘으면서도 열두 가지 생각을 한다.

(40) 뱀 굴과 여자의 속은 모른다.

(41) 여자의 속은 한품에 든 남편도 모른다.

위의 속담은 '여자의 마음은 갈대'라는 서양의 속담이 있듯이 여성의 변덕스러움을 묘사한 속담이다. 여자의 변덕스러움을 날씨에 비유하여 표현하고 있다.

7.2.1.7. 여성에게만 정조관념을 강요함

(42) 남자는 배짱, 여자는 절개.

(43) 무하고 여자는 바람이 들면 못 쓴다.

(44) 헤픈 계집 물 쓰듯 한다.

(45) 도둑의 때는 벗어도 화냥의 때는 못 벗는다.

(46) 여자와 그릇은 돌리면 깨진다.

(47) 달걀과 여자는 구르면 깨진다.

(48) 여자가 웃기 잘하고 곁눈질 잘하면 음란하다.

(49) 여자 코가 짧으면 바람기가 있다.

정조관념에 대한 속담은 한국 속담이 단연 그 숫자가 많다. 일본의 속담에서는 단 한 예밖에 찾을 수가 없었다. 이러한 현상은 왜 이렇게 나타나는 것일까에 대해 생각해 보았다.

한국에서는 예나 지금이나 여성을 도덕, 정조라는 유교의 틀 속에 몰아넣어 그 틀 안에서 정형화된 모습으로 살아가는 것을 강요해 왔다.

물론 정조를 지킨다는 것은 중요하다고 생각한다. 그러나 여성을 남성의 도구로 생각하는 발상에서의 정조관념은 바람직하지 못한 것이라고 생각된다.

7.2.2. 여성에 대한 플러스 이미지의 속담

(50) 과부 몸에는 금이 서 말이고 홀아비 몸에는 이가 서 말이다.

(51) 남자 없는 여자는 살아도, 여자 없는 남자는 못 산다.

(52) 남편에게 걱정이 없는 것은 아내가 어질기 때문이다.

(53) 방 중에는 서방이 제일이고 집 중에는 계집이 제일이다.

(54) 남자 팔자는 여자에게 달렸다.

(55) 오복 중에 처복이 제일이다.

(56) 이 복 저 복 해도 처복이 제일이다.

(57) 이 집 저 집 좋다 해도 내 계집이 제일 좋다.

(58) 여자 중에 군자다.

(59) 여자 중에 호걸이다.

여성을 플러스 이미지로 평가한 속담 가운데 (52), (55), (57)은 여성이 아내로서의 역할을 잘 해내는 것에 점수를 주고 있다.

위에 나타난 여성을 플러스 이미지로 평가한 속담의 대부분은 여성은 이 세상에 존재하는 소중한 사람, 남성을 움직일 수 있는 사람, 상서로운 사람 등으로 묘사되어 있다. 앞서 살펴본 마이너스 이미지의 속담과는 사뭇 다른 면모를 보여주고 있다.

7.2.3. 남성에 대한 속담

(60) 남자는 부엌출입이 잦으면 불알이 떨어진다.

(61) 남자가 여자에게 눌려 지내면 집안이 망한다.

(62) 남자는 늙어도 짚 한 단 들 힘만 있으면 계집을 본다.

(63) 남자 속은 넓어야 하고 여자 속은 고와야 한다.

(64) 사내는 장가가는 날과 아내 죽는 날 웃는다.

(65) 집안은 가장이 맡는다.

(66) 하늘같은 가장이다.

(67) 사내 못난 놈은 여편네만도 못 하다.

남성에 대한 속담은 여성에 대한 속담에 비하여 적다. 위에서 인용된 속담만 살펴보아도 남성에 관한 속담은 한국은 8례를 보이고 있다.

남자에 대한 속담은 플러스 이미지를 나타낸 것이 대부분이다. (65), (66)에서는 남성은 하늘같은 가장으로 표현되고 있다.

남자에 대한 마이너스 이미지의 속담은 (67)에만 나타나 있다.

7.3. 일본의 속담

7.3.1. 여성에 대한 마이너스 이미지의 속담

7.3.1.1. 여성을 무능력자로 묘사

(1) 女の知恵は鼻の先(여자의 지혜는 눈앞의 것밖에 생각할 수 없다.)

(2) 女の話は一里限り(여자의 이야기의 화제는 좁다.)

(3) 女の知恵は後へ廻る(여자의 지혜는 중요한 시기에 나오지 못한다.)

(4) 女の賢いのとこちもと暗いのとは当てにならぬ(여자의 현명함은 믿을 수 없고 불확실한 것이다.)

(5) 女の知恵は欲が元(여자의 지혜는 욕심이 근원이다.)

(6) 東の白いのと女の賢いのは役に立たぬ(동쪽하늘이 맑다고 날씨가 맑은 것이 아니듯, 여자의 어설픈 지혜는 도움이 되지 않는다.)

(7) 女子の偉いのと月の夜は役に立たない(여자가 지나치게 훌륭한 것은 아무 쓸모가 없다.)

(8) 女賢しくて牛賣り損なう(여자가 현명하게 소를 팔아도 결국은 실패한다. 소를 파는 일 등은 남자의 일이다.)

(9) 女の利發牛の一散(여자가 현명하다고 해도 느린 소가 급히 달리는 것과 같다. 즉 재빨리 일을 처리한다 해도 크게 능률이 오르지는 않다.)

(10) 男の馬鹿と女の利口がつりあう(남자 바보와 여자 똑똑한 것이 맞먹는다.)

(11) 朝雨女の腕まくり(아침 비는 곧 개어서 좋은 날씨가 되듯 여자의 능력도 발휘해 봐야 별것이 없다.)

(12) 東雷と女の腕まくり(동쪽 하늘의 번개는 소리뿐 비를 동반하지 않는다. 여자의 능력도 마찬가지다.)

(13) 女の力と首のない石仏(여자의 힘은 목 없는 석불과 같이 쓸모가 없다.)

일본의 속담은 직접적으로 여성의 교육에 대한 속담은 없으나 (1), (3), (4), (5)와 같이 여성의 지혜는 남성의 지혜에 비하여 어설 프고 쓸데없는 것이라는 부정적인 해석을 하고 있다. (9), (10), (11), (12), (13)과 같이 여성의 능력을 무시하는 속담이 대부분이다.

한국과 일본의 속담은 조금씩은 다른 표현을 하고 있으나, 여성은 무능력하며 지혜가 있기는 하나 남성의 지혜에 미치지 못하는 미약한 존재라는 맥락은 거의 동일하다고 할 수 있다.

7.3.1.2. 여성을 남성의 방해자로 묘사

(14) 酒と女は仇なり(남자에게 있어서 술과 여자는 몸을 망치니 조심할 것을 강조함.)

(15) 大蛇を見るとも女を見るな(여자는 남자를 유혹하니 경계할 것.)

(16) 美女は生を断つ斧(미녀는 남자의 생을 끊는 도끼이다.)

(17) 美婦は不祥の器(미인은 상서롭지 못한 것이다.)

(18) 女のえくぼには城を傾く(군주가 여자에게 빠지면 나라도 망한다.)

(19) 女の足駄にて造れる笛には秋の鹿寄る(여자의 게타 소리로 만들어 내는 피리소리에 가을 수사슴이 다가온다. 남자는 여자의 향취에 빠지기 쉽다.)

(20) 女の髪の毛には大象もつながる(여자의 머리카락에는 큰 코끼리도 끌려온다.)

(21) 女は地獄の使い(여자는 지옥의 사자.)

(22) 女は亂の基(여자는 소란의 근원지.)

(14)~(20)에서 여성은 남성의 인생에 방해자이며, 모든 악의 근원이며, 남자를 망치는 주요한 인물로 묘사되고 있다. 여자, 미인, 미녀는 술과 같은 존재로 상서롭지 못한 것으로 나타나 있다. (21)에서는 여성을 지옥의 사자로 묘사하는 등 여성에 대한 최악의 모습을 그리고 있다.

이렇듯 여성은 남성의 방해자로 묘사되어 있다. 한국의 속담과 일본의 속담을 비교해 보면 그 기저에 깔려 있는 방해자의 모습은 거의 동일하게 그려져 있으나 일본 속담이 좀 더 극단적인 표현을 하고 있음을 알 수 있다. 특히 여성을 '지옥의 사자로 묘사한 것은 몹시 불쾌감을 느끼게 하는 속담이라고 할 수 있겠다.

7.3.1.3. 여성을 남성의 의존적 존재로 묘사

(23) 女は三界家なし(삼계는 불교 용어로서 속계, 색계, 무색계

의 세 개의 세계를 말한다. 여자는 어렸을 때는 부모를 따르고 시집가서는 남편을, 늙어서는 자식을 따른다는 것.)

(24) 陰は陽に抗ぶべからず(처는 남편에게, 신하는 군주에게 복종해야만 한다. 음은 처, 가신을, 양은 남편, 군주를 말한다.)

(25) 女は己を悦ぶ者のためにかたちづける(여자는 자신을 기쁘게 해 줄 남자를 위해 자신의 용모를 가꾼다.)

(26) 女は氏無うて玉の輿に乗る(여자는 신분이 낮아도 결혼만 하게 되면 고귀한 신분이 될 수도 있다.)

(27) 妾手掛けでも女は仕合せ(본처가 아니고 비록 첩이라도 여자는 남자에게 사랑받을 수 있어서 행복하다.)

(28) 女は一生の苦楽を他人に依る(여자는 평생의 고락을 타인, 즉 남자에게 의존한다.)

(29) 風に靡く刈萱、男に從う女(여자는 남자에게 복종하며 살아가야 할 운명이다.)

(23)~(29)에서와 같이 여성은 남성을 의존하여 살아가는 존재로 묘사되어 있다. 현재 21세기에는 자신을 직업을 갖고 자유롭게 살아가는 여성들이 많이 있다. 결혼 적령기라는 말이 무색할 정도로 독신을 주장하며 살아가는 여성들이 늘어나고 있다고 한다. 그런 여성들에게는 시대착오적인 속담들이 피부에 와 닿지 않을 것이다. 그러나 약 1세기 전의 여성들에게는 당연한 일로 받아들여졌을 것임에 틀림없다.

현재 우리의 생각은 얼마나 바뀌었을까? 아직도 연배가 있는 부모님들은 결혼이 여성의 팔자를 바꿀 수 있는 가장 좋은 기회라는 것을 부정하지 않는다. 어떤 잘못된 사고가 단번에 좋은 이미지로 바뀔 수는 없지만, 무조건적이며 편파적인 사고는 불식되어야 한다고 생각된다. 합리적인 사고 안에서 남성, 여성을 평가할 수 있는 시대가 되었으면 한다. 여성은 남성에게 소중한 존재이고 남성도 여성에게 소중한 존재임을 서로 인정하는 사고의 전환이 필요하다고 생각된다.

7.3.1.4. 여성을 수다쟁이로 묘사

(30) 女三人寄れば姦しい(여자 셋이 모이면 시끄럽다.)

(31) 女三人寄れば着物の噂する(여자 셋이 모이면 옷 이야기로 꽃을 피우며 수다를 떤다.)

(32) 女三人寄ると富士の山でも言い崩す(여자 셋이 모이면 후지산도 무너뜨린다.)

(33) 女の口さがないもの(여자는 입 걸게 남의 험담하기를 좋아한다.)

(34) 女の口の過ぎたと雑炊の塩の過ぎたは始末におえぬ(여자가 말 많은 것과 음식에 넣은 지나친 소금은 어쩔 수가 없다.)

(35) わわしい女は夫を食う(시끄럽게 떠드는 여자는 남편을 파멸로 이끈다.)

(36) 女の立ち話騒動のもと(여자의 수다는 모든 언동의 근원이 된다.)

(37) 婦に長舌あるは維厲の階(여자의 수다는 화의 근원이 된다.)

여성이 수다쟁이로 묘사되는 속담은 한국의 속담과 일본의 속담이 비슷한 표현이 많다. 물론 문화적 환경적 요인이 다르기 때문에 아주 동일하다고는 할 수 없으나 그 의미는 흡사한 부분이 많다. 일본의 속담 중에는 여성의 수다가 남편을 파멸로까지 이끈다고 하나, 지나친 과장이 아닐까 한다.

7.3.1.5. 여성을 질투의 화신으로 묘사

(38) 悋氣は女の七つ道具(질투는 여자의 7가지 도구. 무사의 7가지 도구에서 패러디한 것.)

(39) 嫉妬深きは三女の一つ(『女大學』에 나오는 여자가 질투가 심함을 이르는 말.)

(40) 男は疝氣を苦しむべし女は悋氣を愼むべし(남자는 잘못된 생각을 괴로워해야 하고, 여자는 질투를 삼가야 함.)

(41) 女に十二の角あり(여자는 열두 개의 질투의 뿔을 가지고 있다.)

(42) 燒餅と欠餅は燒く方がよい(여자는 차라리 질투를 하는 것이 좋다.)

(43) 燒餅燒くとて手を燒くな(질투를 하더라도 적당히 할 것.)

(44) 讒臣國を亂し妬婦家を破る(참소를 잘하는 신하는 나라를 망치고 질투하는 부인이 있으면 집안이 망한다.)

(45) 女は嫉妬に大事を漏らす(여자는 질투 때문에 중요한 일을 그르친다.)

질투에 대한 속담은 한국과 일본이 비슷한 뉘앙스를 지니고 있다. 한국에서 여성이 질투를 하는 것은 '칠거지악'에 해당되는 나쁜 습속으로 여겨져 왔다. 일본에서도 질투는 여성에게 금기시하는 것이었다.

7.3.1.6. 여성을 변덕스런 인간으로 묘사

(46) 女心と秋の空(여자마음은 가을 하늘만큼이나 변하기 쉽다.)

(47) 秋の日和と女の心日に七度変わる(가을 날씨와 여자의 마음은 7번 바뀐다.)

(48) 朝曇は女心で見る間に晴れる(아침 구름은 보고 있는 순간에 갠다. 여자 마음도 마찬가지다.)

(49) 女の心は猫の目(여자의 마음은 고양이의 눈처럼 자주 바뀐다.)

(46)~(48)은 여성의 변덕스러움을 묘사한 속담이다. 여자의 변덕스러움을 날씨에 비유하여 표현하고 있다. (49)와 같이 여자의 마음을 고양이 눈에 비유한 것도 재미있는 발상이라고 생각한다.

7.3.1.7. 여성에게만 정조관념을 강요함

(50) 女と鰹節堅きほど良し(여자의 품행은 단정할수록 좋다.)

정조관념에 대한 속담은 일본에서는 그다지 찾아볼 수가 없다. 앞에서 살펴본 바와 같이 한국 속담은 일본의 속담보다 그 수가 많다. 징조관념에 대한 인식은 중국의 유교의 영향이라고 생각이

되지만 일본에서는 한국과는 달리 중국의 유교의 이념을 받아들여 정치, 사회에 반영했으나 일반 실생활의 규범에까지 파고들지 않았던 것이 아닐까 하고 생각된다.

7.3.2. 여성에 대한 플러스 이미지의 속담

(51) 女の身上持ちのよいのと垣根の高いのに貧乏なし(여자가 집안의 살림을 잘하면 가난은 없다.)

(52) 女房は一人でも食える(여자는 혼자서라도 잘 살아갈 수 있다.)

(53) 女は國の平らげ(여자가 있기 때문에 이 세상은 평안하다.)

(54) 女ならでは世が明けぬ(여자가 없으면 이 세상이 잘 돌아가지 않는다. 일본의 여신인 태양신이 바위 속으로 모습을 감추어 세상이 어두워졌던 신화의 이야기에서 유래한 속담)

(55) 女は門開き(여자는 재수가 좋다는 의미. 고대 신화에서 유래)

(56) 女房鐵砲佛法(여자에 의해 세상살이가 부드러워지고, 총으로 무법자를 응징하고 불법에 의해 인간의 마음이 교화된다.)

(57) 大年の夜に女を泊めると富貴になる(섣달 그믐밤에 여자를 재워주면 부귀영화를 누린다.)

(58) 酒は古酒女は年增(술은 오래된 것이 좋고 여자도 나이 먹은 쪽이 좋다.)

(59) 男は天下を動かし女はその男を動かす(남자는 천하를 움직이고 여자는 남자를 움직인다.)

(60) 女房と晝の日は眼に見えぬところに光あり(여자와 낮일은 눈

에 보이지 않는 곳에 빛이 있다. 즉 눈에 띄지 않는 아내의 공을 높이 산 속담이다.)

(61) 女房は家の大黑柱(아내는 집안의 중요한 위치를 차지하는 사람이다.)

(62) 一生の得は良い女房を持った人(일생의 이득은 좋은 아내를 얻은 자이다.)

여성을 플러스 이미지로 평가한 속담 가운데 (60)~(62)에서는 여성이 아내로서의 역할을 잘 해내는 것에 점수를 주고 있다.

일본의 속담 (54), (55)번은 일본의 신화와 관련이 있는 내용으로, 태양을 상징하는 여신 아마테라스(天照大御神)의 일화[121]를 속담화한 것으로 여성의 중요성을 강조하고 있다.

위에 나타난 여성을 플러스 이미지로 평가한 속담의 대부분은 한국의 속담과 동일하게 여성은 이 세상에 존재하는 소중한 사람이며, 여성의 존재로 세상이 부드러워진다고 표현하고 있다. 앞서 살펴본 마이너스 이미지의 속담과는 전혀 다른 면모를 나타내고 있다.

7.3.3. 남성에 대한 속담

(63) 男は三日に一遍笑えばよし(남자는 남자로서의 위엄을 갖기 위해서는 좀처럼 웃지 않는 것이 좋다.)

---

121) 이자나기미코토(일본신화의 개국신으로 국토, 신을 낳았으며, 산, 바다, 초목을 관장하는 신)의 딸로서 일본 황실의 祖神이다. 일본 신화에서 해의 여신으로 이세(伊勢) 神宮의 主神이다.

(64) 男の謝罪は打首も同様(남자의 사죄는 불명예스러운 것이므로 늘 신중하게 행동해야 한다.)

(65) 男と牛の子は急ぐものではない(남자는 조급하게 굴어서는 안 된다.)

(66) 咳拂いも男の法(헛기침을 하며 위엄을 보이는 것도 남자에게는 필요하다.)

(67) 藁でしたのも男は男(짚으로 만든 인형이라도 남자는 여자보다 낫다.)

(68) 色好まぬ男は玉の杯底無きが如し(여색에 관심을 가지지 않는 남자는 인간으로서 완전하다고 말할 수 없다.)

(69) 男は生まれた時と親の死んだ時の外には泣かぬ(남자는 태어날 때와 부모가 돌아가셨을 때를 제외하고 울어서는 안 된다.)

(70) 男の心は秋の空(남자의 마음은 가을하늘처럼 변덕스럽다.)

(71) 男の似た女はないが女に似た男は多い(세상에는 남자보다 우월한 여자는 적지만, 패기가 없는 남자는 많다.)

남성에 대한 속담은 여성에 대한 속담에 비하여 적다. 위에서 인용된 속담만 살펴보아도 남성에 관한 속담은 일본은 9가지 정도에 불과하다.

남자에 대한 속담은 플러스 이미지를 나타낸 것이 대부분이다. (67)은 남성은 눈물을 보이면 안 되며, (62), (64)는 남성은 위엄과 명예를 가져야 하며, (66)은 남성은 여색에 빠지는 것이 당연한 것이라고 말하고 있다. 남자에 대한 마이너스 이미지의 속담은 (68)과 (69)에만 나타나 있다.

7.4. 결과 및 고찰

이상과 같이 한국과 일본의 여성에 관련된 속담을 살펴본 결과 다음과 같은 유사점과 상이점을 파악할 수 있었다.

첫째, 한국과 일본의 속담은 여성을 플러스 이미지로 평가한 것 보다 마이너스 이미지로 평가한 것이 대부분이다.

둘째, 남성에 관한 속담은 상대적으로 적으며, 그중에서 플러스 이미지의 속담이 대부분을 차지하고 마이너스이미지의 속담은 거의 없다.

여성에 관한 속담은 한국은 59례, 일본은 62례로 나타난 데 비해 남성에 관한 속담은 한국은 8례, 일본은 9례로 나타났다.

셋째, 한국과 일본의 속담은 내용 면에서 유사한 면이 많다. 단지 문화적, 환경적 요인에 따라 표현방식이 다소 다를 뿐으로, 중국의 유교 사상이나 불교 등의 종교적인 이념을 이어받은 속담은 한·일 양국에서 거의 동일한 표현을 하고 있다. 그러나 일본 속담의 경우 고대 신화에서 유래하는 여신에 대한 속담은 한국의 속담과는 달리 독특한 면모를 보이고 있다.

넷째, 한국과 일본의 속담 중에서 상이점은, 한국의 속담(8개)은 여성에게 정조관념을 강요하는 것이 많으나 일본의 속담(1개)은 그 수가 그다지 많지 않다. 그 이유는 한국과 일본이 같은 유교의 영향을 받아들였으나, 한국은 일상생활의 규범으로까지 유교를 반영하였으나, 일본은 정치이념 정도로 유교를 받아들인 차이가 아닐까 한다.

다섯째, 여성 관련의 속담은 현재의 시대상에 맞추어 보면 시대착오적인 면모를 다소 갖고 있는 부분이 많다. 특히 현대의 젊은이들에게는 이해하기 어려울 정도의 괴리감을 느끼게 하는 부분이 적지 않다고 할 수 있겠다. 그러나 아직 이러한 속담은 공공연하게 현대인의 의식 속에 살아 있으며, 부지불식간에 이러한 성차별의 내용들이 남성에게는 물론 여성에게까지 뿌리 깊이 각인되어 있는 것은 부인할 수 없는 실정이라 할 수 있겠다.

한국에서도, 일본에서도 언어에 대한 인식과 여성 내지는 여성의 말에 대한 의식은 여자가 말이 많으면 집안이 시끄러워지고 가정의 화목이 깨져 결국에는 집안 자체가 망하게 하니, 여자는 말없이 살아가야 한다는 것을 속담이나 언어 규범에서 찾아볼 수 있다. 여자의 말은 가치가 없다거나 여자는 남자에게 도움이 되지 않은 말만 한다거나 여자는 자기 자신의 이익만 추구할 따름이지 남자나 집안의 이익에 관심이 없다는 인식이 깔려 있는 것이다. 이러한 기존의 고정관념과 가부장제의 잘못된 인식과 이해를 불식하고 탁상공론적인 여성에 대한 배려가 아니라 여성도 남성과 동등하게 대우받는 젠더 페어 사회가 구현되기를 바란다.

제8장

결 론

　　　　본 연구는 한국어와 일본어의 젠더의 대조연구로서 인칭대명사, 문말표현, 여성관사와 남성관사, 속담을 연구 범위로 하여 살펴보았다.

　　제1장에서는 젠더의 대조 연구에 대한 연구방법 및 목적에 대해 밝혔으며, 연구의 구성에 대해 구체적으로 서술했다.

　　제2장에서는 젠더의 용어에 대한 정의와 젠더연구의 선구자적 역할을 한 레이코프를 중심으로 구미언어의 젠더연구에 대해 개괄해 보았다.

　　제3장에서는 선행연구로 한국어의 연구와 일본어의 연구로 나누어 정리했다. 최근까지의 연구의 성과는 주로 성차이어에 대한 것으로 언어연구에 페미니즘이론의 도입으로 점차 성차별어에 대한 연구도 활발히 진행되고 있다.

　　제4장에서는 한국어와 일본어의 인칭대명사를 중심으로 대조해 보았다. 그 결과 다음과 같은 다섯 가지의 결론을 얻게 되었다.

　　첫째, 일본어는 한국어에 비하여 다양성을 보이고 있다. 한국어의 1인칭대명사는 '나, 저'를 사용하고 있으나, 일본어에서는 'わたくし, わたし, あたし, ぼく, おれ'로 그 어휘 수가 훨씬 많다. 2인칭대명사는 한국어의 '너, 당신, 자네, 임자'에 해당하는 것으로

'あなた, あんた, おまえ, きみ'가 주로 사용되고 있다.

둘째, 인칭대명사에 있어서 일본어는 젠더의 구별이 확실하게 나타나나, 한국에서는 젠더의 차이를 거의 찾아볼 수 없다. 그리고 연령별 제한도 거의 없는 것으로 나타났다.

일본어에서는 남성은 'おれ, ぼく, おまえ, きみ'를 주로 사용하고 여성은 'わたし, あたし, あなた, あんた'를 사용하는 것으로 나타났다. 따라서 화자는 친소, 포멀·인포멀, 연령에 따라 한국어와 달리 다양한 인칭대명사로 자신을 표현하고 있다.

셋째, 한국어와 달리 일본어의 인칭대명사는 젠더의 구분이 있다. 그러므로 일본어의 인칭대명사의 사용에 있어서 점차 중성화를 보이는 현상이 나타나기도 한다. 즉 여성(남성)이 남성(여성)의 인칭대명사를 사용하고 있다는 것으로, 일본어 인칭대명사의 하나의 특이한 현상이라고도 할 수 있겠다. 'ぼく, おれ'의 여성의 사용은 소설의 예문에서는 나타나지 않는다. 그러나 2인칭대명사인 'おまえ, きみ'에서는 중성화의 예문이 적으나마 보이고 있다. 인칭대명사의 중성화 경향은 남성, 여성이 각각 스테레오타입의 인칭대명사를 반드시 사용해야 한다는 고정관념의 틀을 벗어나려는 움직임으로 이해된다.

넷째, 한국어와 일본어의 인칭대명사의 사용에 있어서 1인칭인 '저' 나 'わたくし'의 사용이 줄고 있다. 이와 같은 상황은 소설의 용례라는 한정된 부분에서의 오차도 예상되고, 작가의 글쓰기 습관에서도 차이가 있을 것이라고 생각되지만 한국어에서도 일본어에서도 언어사용 면에서 경의표현이 감소되고 있음을 나타내고 있다고 생각된다.

다섯째, 한국어에서도 일본어에서도 1인칭대명사의 사용률은 높으나 2인칭대명사의 사용률은 낮고 2인칭대명사를 사용하는 대신 상대방의 이름이나 신분, 직위명, 친족명칭 등을 사용하고 있는 것으로 나타났다.

제5장에서는 담화의 문말형식에 나타난 명령표현과 의뢰표현을 중심으로 대조해 보았다. 다음과 같은 결론을 얻게 되었다.

첫째, 한국어의 명령표현과 의뢰표현의 예문수를 살펴보면 일본어와 대조적인 현상을 나타내고 있다.

한국어의 명령표현의 예문 수는 의뢰표현보다 많으며, 일본어에서는 의뢰표현이 명령표현보다 예문수가 많은 것으로 나타났다. 이와 같은 현상은 일상의 담화 속에서 한국인은 직접 행위 요구표현 가운데 의뢰표현보다 명령표현을 더 많이 사용하는 경향을 보이고 있는 것을 알 수 있다.

한편, 일본인은 화자와 청자 사이에 직접적인 명령표현을 사용하기보다는 정중한 행위요구 표현인 의뢰표현을 더 많이 사용하고 있다. 이는 한국인과 일본인의 언어행동의 차이가 잘 나타나는 예라 할 수 있겠다.

둘째, 한국어의 경우, 여성은 남성과 거의 동일하게 명령표현을 사용하고 있으나 일본어에서는 남성이 여성보다 명령표현을 더 많이 사용하고 있음을 알 수 있었다.

셋째, 명령표현은 한국어와 일본어에서 동일하게 인포멀한 장면, 친밀한 관계에서의 담화가 이루어진다. 이는 명령표현이 화자 자신이 의도하는 행위를 청자에게 실현해 달라고 요구하는 의미를 갖고 있다는 점에서 기인한다고 생각된다. 한국어에서는 남녀 모두

'-아/어'를 가장 많이 사용하고 그 다음으로 '-아/어라' 사용하고 있다.

의뢰표현을 살펴보면 한국어에서는 여성은 '-주세요'를 가장 많이 사용하고 있으며 '-해 줘'는 남성과 여성의 사용비율이 거의 동일하게 나타났다.

일본어에서는 남성은 '-てくれ'를, 여성은 '-て'를 사용하고 있는 것으로 나타났다. 의뢰표현에서도 여성은 남성보다 공손한 표현을 사용하고 있다는 것을 알 수 있다.

다섯째, 문말표현을 중심으로 본 언어의 중성화 현상은 눈에 띄게 나타나지는 않으나 한국어에서는 여성이 주로 사용하고 있다고 하는 '-아/어요', '-세요', '-해 주세요' 등의 남성의 사용이 증가하고 있다.

한편 일본어의 경우, 명령표현에서 사용례는 적으나 남성전용의 표현이라고 할 수 있는 '동사의 명령형'(4례, 23.5%), '동사의 명령형+よ'(6례, 35.3%)의 여성의 사용이 보인다.

의뢰표현에서는 남성이 가장 많이 사용하고 있는 것은 '-てくれ'(36례23.9%)이나 '-て'(33례, 22.2%)의 사용도 많은 것을 알 수 있다.

이상의 사용현상을 고려해 볼 때 한국어와 일본어의 문말표현에서 '언어의 중성화', 즉 '젠더프리'에로의 이행 현상이 나타나고 있다고 말할 수 있겠다.

제6장에서는 여성관사와 남성관사에 대해 한국어와 일본어를 대조해 보았다.

첫째, 여성관사의 어휘 수가 남성관사의 어휘 수보다 많다.

둘째, 의미의 측면에서 보면 대부분의 어휘가 남성 중심적, 즉 무표적인 의미를 갖고 있음을 알 수 있다. 따라서 여성을 나타내는 어휘는 여성관사가 붙음으로써 부가적이며, 유표적인 의미를 갖는다.

셋째, 한국어와 일본어는 같은 한자 문화권이기 때문에 비슷하게 쓰이는 여성관사, 남성관사가 많다는 것을 알 수 있다. 동일하게 사용되는 여성관사로는 '여교사, 여주인, 여의사, 여류작가, 여류시인, 여장군, 여왕, 여인성불' 등이 있다.

넷째, 남성차별어로서는 '남자결사' '남총'이 있다. 이는 한국어와 일본어에 동일하게 존재하는 어휘이다. '남자결사'는 현대어에서는 의미를 상실한 어휘이기는 하나, 남성차별어로는 대표적인 것이라 할 수 있다.

여성관사는 '여, 여자 → 여성 → 여류'로 직업명 앞에 붙는다. 여또는 여자에서 여성, 여류로 이미지가 개선되기도 하였다. 그러나 그보다는 여성, 여자 등의 관사를 사용하지 않고, 여의사보다는 의사, 여성장관보다는 장관이라는 어휘를 사용할 수 있는 젠더프리의 표현을 희망한다.

따라서 이러한 편견의 근본문제를 해결하기 위해서는 단어 바꾸기에 있는 것이 아니라 바이어스 프리, 즉 고정관념을 과감히 버리는 인식의 전환이 중요하다고 생각된다.

제7장에서는 한국과 일본의 속담을 대조해 보았다. 이하의 결론을 얻게 되었다.

첫째, 한국과 일본의 속담은 여성을 플러스 이미지로 평가한 것보다 마이너스 이미지로 평가한 것이 대부분이다.

둘째, 남성에 관한 속담은 상대적으로 적으며, 그중에서 플러스 이미지의 속담이 대부분을 차지하고 마이너스이미지의 속담은 거의 없다.

셋째, 한국과 일본의 속담은 내용 면에서 유사한 면이 많다. 단지 문화적, 환경적 요인에 따라 표현방식이 다소 다를 뿐으로, 중국의 유교 사상이나 불교 등의 종교적인 이념을 이어받은 속담은 한·일 양국에서 거의 동일한 표현을 하고 있다.

넷째, 한국과 일본의 속담 중에서 상이점은, 한국의 속담(8개, 14.0%)은 여성에게 정조관념을 강요하는 것이 많으나 일본의 속담(1개, 1,6%)은 그 수가 그다지 많지 않다. 그 이유는 한국과 일본이 같은 유교의 영향을 받아들였으나, 한국은 일상생활의 규범으로까지 유교를 반영하였으나, 일본은 정치이념 정도로 유교를 받아들인 차이가 아닐까 한다.

다섯째, 여성 관련의 속담은 현재의 시대상에 맞추어 보면 시대착오적인 면모를 다소 갖고 있는 부분이 많다. 특히 현대의 젊은 이들에게는 이해하기 어려울 정도의 괴리감을 느끼게 하는 부분이 적지 않다고 할 수 있겠다. 그러나 아직 이러한 속담은 공공연하게 현대인의 의식 속에 살아 있으며, 부지불식간에 이러한 성차별의 내용들이 남성에게는 물론 여성에게까지 뿌리 깊이 각인되어 있는 것은 부인할 수 없는 실정이라 할 수 있겠다.

이상의 각 장의 결론을 정리해 본 결과 한국어와 일본어의 젠더 표현에는 유사점과 상이점이 공존하고 있다는 것을 알 수 있었다.

남녀언어의 차이를 연구할 때 우리가 유의해야 할 사항 중의 하나는 언어현상이나 언어전략이 남성이나 여성이라는 어느 한 성의 전유물이 아니라는 것이다. 즉 남성이나 여성 할 것 없이 모두 특정 언어항목을 공히 사용할 수 있다는 점을 인지해야 할 것이다. 문제는 누가 특정 언어를 어떻게 더 많이 사용하는 경향이 있는가 하는 것으로 언어사용의 비배타적인(non - exclusive) 관계가 존재한다는 것을 항상 기억해야 한다.

성차별 언어의 사회적 변화가 계속되어야 하며 교육의 평등화, 언어의 개선, 여성의 의식화, 남녀 화합에 의한 젠더페어의 추구가 동반되어야 할 것이라고 생각된다.

교육의 평등화는 가정과 학교에서의 남녀 동등한 교육을 말한다. 성역할에 대한 차별적인 대우가 아니라 양성이 동등하게 서로의 생활을 익히고 활용할 수 있는 동등한 교육이 이루어질 때 성차별에 의한 언어 사용은 지양될 것이다.

언어의 개선은 남성과 여성의 언어사용에 대한 동등한 대우를 말한다. 언어적 동등대우를 목표로 삼고 있는 두 가지 전략은

중성화(chairman/chairwoman → chairperson)
여성화(history → herstory/아들딸 → 딸 아들)

라고 할 수 있겠다.

여성의 의식화는 여성에게 사회적으로 부과된 성역할에 무조건적으로 순응하고 받아들이도록 하기보다는 남성과 똑같은 인격체로서 동등한 대우를 받을 수 있고 언어에서도 차별을 받지 않도록 여성 스스로 자신의 발전을 위해서 좀 더 적극적인 생활을 할 수

있도록 의식의 변화를 가져오는 것을 말한다. 그러한 의식의 변화가 있어야만 남성과 동등한 위치에서 똑같은 지위에 오를 수 있고 그들과 같은 역할 분담과 사회생활도 영위해 나갈 수 있을 것이다.

남녀 화합에 의한 젠더페어의 추구란 남성과 여성이 어떻게 역할을 분담하는가 그 자체보다도 양자가 공동의 목적을 위해 얼마나 협동하며 상대방의 역할을 존중하는가의 문제가 언어의 성차별을 해결할 수 있는 방안이라고 본다.

서론에서 제시한 바와 같이 이 연구를 통하여 異文化 커뮤니케이션에 대한 이해를 하는 데 도움이 되었으면 하며 한국어·일본어의 젠더 교육의 지도·지침이 될 수 있었으면 한다. 그리고 이 연구를 통하여 일본어의 젠더 연구에는 한국어의 젠더표현의 현상을 보고하는 계기가 되었으면 하고, 한국어에는 보다 활발한 젠더 연구를 할 수 있는 촉매제 역할을 할 수 있었으면 하는 바람이다. 본 연구에서는 소설에 한정된 용례만을 다루었기 때문에 현재 한국어와 일본어의 현상을 제대로 파악할 수 없었던 점이 아쉬움으로 남는다. 드라마나 만화의 용례와 앙케트 조사 등을 통한 다양한 젠더표현에 대한 것은 앞으로의 연구과제로 삼고자 한다.

참고문헌

【한국어 문헌】

가혜경(1998) 「한·일 양국어 1, 2인칭 대명사의 용법 비교」『일본어문학』 제6집 한국일본어문학회.

강규선(1997) 『국어의 경어법』 보고사.

강정희(1989) 「여성어의 한 유형에 관한 연구국어학 신연구」 탑출판사.

강주헌(2003) 『계집팔자 상팔자』 황소걸음.

_____(2003) 『나는 여성보다 여자가 좋다』 황소걸음.

고대곤(1999) 「한·일 경어행동 대조연구」, 한양대학교 박사학위논문.

구현정(1995, a) 「남, 여성형 어휘의 사회언어학적 의미」『상명어문학연구』 3집 상명대학.

_____(1995, b) 「남성형 - 여성형 어휘의 형태와 의미구조」『국어학』 25 국어학회.

국립국어연구원(1994) 『신어의 조사연구』 국립국어연구원.

국립국어연구원(2003) 『한국 현대 소설의 어휘 조사 연구』 국립국어연구원.

김규현, 서경희(1996) 「대화조직상의 성별차이: 평가와 이해확인을 중심으로」『사회언어학』 4 - 2 한국사회언어학회.

김귀순(2000) 「남녀화법의 상대성이론」『사회언어학』 제8권 한국사회언어학회.

김동준(1997) 「한국어와 일본어의 대우법 대조연구」, 국민대학교박사학위논문.

김미형(1994) 『한국어대명사』 한신 문화사.

김선남, 정현욱(2002) 『섹스젠더미디어』 범우사.

김선희(1991) 「여성어에 대한 고찰」, 『목원대학 논문집』 제19집

_____(2001) 『우리 사회속의 우리말』 한국문화사.

김성렬 외 5인(2003) 『언어와 사회』 역락.

김숙자(1986) 「한국어와 일본어의 이인칭대명사에 대하여」, 『한글』

_____(1987) 「일본어의 여성표현과 대우성에 관하여」, 『상명대학논문집』 제19집

김순자(2001) 「여성화자의 화행수행에 관한 연구」 한양대학교 박사학위논문.

김용숙(1989) 『한국의 여속사』 대우학술총서·인문사회과학 38 민음사.

김종곤(1984/1997) 『국어 경어법 연구』 집문당.

김종택(1978) 「한국인의 전통적인 여성관 - 속언, 속담을 통하여」, 『여성문제연구』 7 효성여대 한국여성문제연구소.

_____(1994) 「속담의 기능과 의미구조」, 『새국어생활』 4 - 2 국립국어연구원.

김진홍(1983) 「언어의 변이형으로서의 남성어와 여성어에 관한 연구」 동아대학석사학위논문.

김창섭(1999) 「국어 어휘체계에서의 남성항과 여성항」, 『언어와 여성의 사회적 위치』 태학사.

김형철(1983) 「인칭대명사 '저'에 대하여」, 『문학과 언어』 Vol.4 No.1

김희숙(2000) 「청자대우 '해요체' 사용과 사회적 집단과 상관성」, 『사회언어학』 제8권 한국사회언어학회.

노주현(2001) 「한국어 요청 화행 연구」 고려대학교 석사논문.

노주현(2002) 「韓國語の依賴言語行動方略と場面的·人的要素との關連性について」, 『일본어학연구』 제 6 집.

문병우(2002) 『한국어 화용표지 연구』 국학자료원.

민현식(1995) 「국어의 여성어 연구」, 『아세아 여성연구 34』 숙명여대 아세아 연구소.

_____(1996) 「국어의 성별어 연구사」, 『사회언어학』 제4권 2호 한국사회언어학회.

_____(1997) 「국어 남녀언어의 사회언어학적 특성 연구」, 『사회언어학』 제5권 2호 한국사회언어학회.

_____(2003) 「성별언어특성과 성 차별 표현의 양상」 『언어와 사회』 도
　　　서출판 역락.

박금자(1987) 「국어의 명령표현」 『관악어문연구』 Vol.12 No.1

박영순(2003) 『한국어 문장의미론』 박이정.

_____(2004) 『한국어 담화·텍스트론』 한국문화사.

박창원 외 10인(2002) 『국어학연구 50년』 이화여대 한국문화연구원.

박진욱(1985) 「현대국어의 대명사에 대한 연구」 고려대국어국문과 석사
　　　학위논문.

서정범(1969) 「여성에 관한 명칭고」 『아세아여성연구』 8 숙명여대 아
　　　세아연구소.

송명희(2000) 『섹슈얼리티, 젠더, 페미니즘』 푸른사상.

송무 외 14인(2003) 『젠더를 말한다』 박이정.

송병학(1982) 「이인칭대명사의 의미 분석」 『언어』 VoL.3

송재선(1995) 『여성속담사전』 동문선.

신미숙(1992) 「한일여성 속담에 관한 고찰」 『계명대학교논문집』 제15집.

신현숙(1994) 「시의 종결형식을 통해 본 남성과 여성의 문체」 박갑수
　　　편저, 『국어문체론』 대한교과서.

若松實(2004) 『일본속담사전』 서문당.

우메다히로유키(2004) 「최근 일본에서의 한일대조언어학의 동향」 『국어
　　　국문학』 136 국어국문학회.

우혜정(1997) 「여성어 연구에 대한 비판적 고찰: 사회언어학적 방법론
　　　을 중심으로」 외국어대학교 석사학위논문.

유형선(2001) 「남녀 대화 책략에 관한 연구」 『한국어학』 제13호 한국
　　　어학회.

유창돈(1966) 「여성어의 역사적 고찰」 『아세아여성연구』 5 숙명여대
　　　아세아여성문제연구소.

윤석민(2000) 『현대국어의 문장 종결법 연구』 집문당.

이경우(1990) 「최근세 국어의 경어법 연구」 이화여대 박사학위논문.

이규태(1992/1999) 『한국여성의 의식구조』 신원문화사.

이기문(1978) 「국어의 인칭대명사」 관악어문연구 3.

_____(2001) 『한국의 속담』 일조각.

이능우(1971) 「한국여성어 조사」『아세아 여성연구』 10 숙명여대아세
　　　아 여성문제연구소.

이덕호(1997) 「언어와 성의 연구현황과 앞으로의 과제」『사회언어학』
　　　제5권 한국사회언어학회.

이배용 외(1999/2003)『우리나라 여성들은 어떻게 살았을까1, 2』청년사.

이석규, 김선희(1992) 「남성어 여성어에 관한 연구」 목원대학교 어문학
　　　연구 제2집 목원대학교 어문학 연구소.

이시환(1996)『한국 속담집』한국민속학회.

이을환(1963) 「한국여성 속담에 관한 연구 - 언어표현을 중심으로」『아
　　　세아 연구』 2집 숙명여대 아세아 여성 문제 연구소.

_____(1971) 「한국속담의 문법구조 연구」『아세아 여성연구』 10 숙명
　　　여대 아세아 여성 문제연구소.

이익섭, 채완(1999/2003)『국어문법론 강의』학연사.

이점숙(1998) 「성차에 의한 언어사용의 연구」『상지대 논문집』상지대
　　　학교.

이창숙(2000) 「국어의 여성어 연구: 연령별 여성어의 특징을 중심으로」
　　　『강남어문』

이필영(1987) 「현대국어의 1, 2인칭표현에 대하여」『관악어문연구』 12

이춘아 · 김이선(1996) 「성차별적 언어사용에 관한 연구」 한국여성개발원.

이창숙(2000) 「국어의 여성어 연구: 연령별 여성어의 특징을 중심으로」
　　　『강남어문』 강남대학교 국어국문과.

이희자, 이종희(2002)『사전적 텍스트 분석적 국어 어미의 연구』한국
　　　문화사.

이하자(1999) 「신문기사를 통해본 일본인의 경어생활 연구」 중앙대학
　　　박사학위논문.

임동권(2004)『속담사전』민속원.

임영철(1996) 「일본어의 여성어에 대하여」『사회언어학』 4 - 2 한국사
　　　회언어학회.

임홍빈(1993) 「국어의 여성어」『국어사회언어학 논총』 국학자료원.

장태진(1969) 「현대여성어연구」『아세아여성연구』 8 숙명여대 아세아
　　　여성문제연구소.

전혜영(1997) 「여성 관련 은유표현에 대한 연구 - 속담, 속언중심」 『어
　　　　문논집』 제15집 이화여대.
　　　　(1999) 「여성대상 표현에 나타난 여성의 사회적 지위」 『언어와
　　　　여성의 사회적 위치』 태학사.
정수현(2000) 「현대일본어의 젠더표현」 『일본학보』 제44호 한국일본학회.
정종진(1993) 『한국의 속담 용례사전』 태학사.
차현실(1999) 「담화 방식에 나타난 여성상과여성의 사회적 위상『언어
　　　　와 여성의 사회적 위치』 태학사.
최래옥(1995) 『한국민간속신어사전』 집문당.
최혜정(1998) 「국어에 나타난 성차별적 표현연구」 배재대 석사학위논문.
탁성숙(2001) 「文末表現に關する硏究」 단국대 박사학위논문.
홍순성, 임갑랑(1996) 「우리말에 나타난 성차별의식에 관하여」 『언어논
　　　　총』 14집 계명대언어연구소.
황병순(2002) 『말로 본 우리 문화론』 한빛.
황성철(1997) 「성차별문제에 대한 대체적인 접근과 전략」 『부산여대논
　　　　문집』 제4집.
허인순(1992) 「文末表現に表れる終助詞に關する一考察」 『인문논총』 전
　　　　북대학인문과학연구소.
존그레이/김경숙(1993/2004) 『화성에서 온 남자 금성에서 온 여자』 친
　　　　구미디어.
데보라카메론/이기우(1995/1997) 『페미니즘과 언어이론』 한국문화사.
크리스티나폰브라운(2002) 『젠더연구』 나남출판.
로빈레이콥 외/강주헌(1991) 『여자는 왜 여자답게 말해야 하는가』 고려원.
마리나야겔로, 강주헌 역(1994) 『언어와 여성』 여성사.
미셸푸코/이규현 역(1990/2004) 『성의 역사』 나남출판.

【일본어 문헌】

赤塚紀子 外 1 人(1998) 『モダリテイと發話行爲』 硏究社.
淺田造文(1998) 「第二言語としての日本語の男言葉・女言葉」 『日本語
　　　　敎育』 96號 日本語敎育學會.

淺松絢子(2001)「これからの敬語」から「現代社會における敬意表現」『日本語學』Vol.20 No.4 明治書院.

井上輝子(1994)「女の言葉、男の言葉」和光大學文化研究所.

井出祥子(1982)「言語と性差」『言語』Vol.11 No.10 大修館書店.

_____(1997)『女性語の世界』明治書院.

_____(1997)「世界の女性語、日本の女性語」日本語學 Vol.13 No.5 明治書院.

_____(1992)「言語と性差」『言語』Vol.11. No.10. 大修館書店.

井出祥子 外 1人(1984)「日本の女性語・世界の女性語」『言語生活』No.387 筑摩書房.

_____ 外 1人(1999)『ことばにみる女性』クレヨンハウス.

伊藤雅子(1984)「ゆたかな表現力のために」『言語生活』No.387 筑摩書房.

因 京子(2002)「マンガに見るジェンダー表現の機能」『日本語ジェンダー研究』日本語ジェンダー學會.

上野千鶴子(1998)『きっと變えられる性別語－私たちのガイドライン』メディアの中の性差別を考える會編 三省堂.

_____(1998)『女言葉男言葉』『言語』Vol.28 No.1 大修館書店.

宇佐美まゆみ(2002)「言語とジェンダー研究」『言語: 30周年記念別冊』大修館書店.

_____(2002)『ことばは社會を変えられる－21世紀の多文化共生社會に 向けて』明石書店.

_____(2004)「ジェンダーとポライトネス」『日本語ジェンダー研究』日本語ジェンダー學會.

内田伸子(1993)「會話行動に見られる性差」『日本語學』Vol.12 No.5 臨時增刊號 明治書院.

遠藤織枝(1994)「若い女性のことば－論評で綴るその昭和史」『日本語學』Vol.13 No.10 明治書院.

_____(1993)「女性を表す語句と表現」『日本語學』Vol.12 No.5 臨時增刊號 明治書院.

_____(1990)「男と女の話しことば」 — 日本語教育と性差檢証の視

　　　点から ― 『ことば』11號 現代日本語研究會.

＿＿＿(1989)「ことばとしての「女性問題」をかんがえる」『ことば』１０
　　　號 現代日本語研究會.

＿＿＿(1991)「ことばと女性」『國文學解釋と鑑賞』至文堂.

＿＿＿(1991)『ことばと女性』至文堂.

＿＿＿(1997)「ドラマのことば」『日本語學』Vol.16 No.1 明治書院.

　　　(1997)『女のことばの文化史』學陽書店.

　　　(1999)「國語辭書に見る女性」『言葉に見る女性』クレヨンハウス.

　　　(2001)「女の子の「ボク・オレ」はおかしくない」『女とことば』
　　　明石書店.

遠藤織枝/尾崎喜光(1998)「女性の言葉の変遷 ― 文末・コト・てよ・だ
　　　わを中心に ―」『日本語學』Vol.17 No.5 明治書院.

大原由美子(1993)「「女ことば」のピッチ」『日本語學』Vol 12 No.5 臨
　　　時增刊號 明治書院.

小川早百合(2003)「現代の若者會話における文末表現の男女差」『日本
　　　語ジェンダ 一學會誌』日本語ジェンダ 一學會誌.

生越眞理子(1995)「依賴表現の對照研究」『日本語學』Vol.14 No.10
　　　明治書院.

大島弘子(1996)「聞き手に關する發話文について」『日本語敎育』89号
　　　日本語敎育學會.

大津豊子(2001)「語形式に表れる話し手の意図伝達におけるジェンダー
　　　の關わり」『日本語學研究』第３輯.

尾崎喜光(1999)「女性のことばと文末の言語形式」『ことば』15號 現
　　　代日本語研究會.

＿＿＿＿(1999)「女性語の壽命」『日本語學』Vol.18 No.9 明治書院.

＿＿＿＿(2005)「依賴行動と感謝行動から見た日韓の異動」『日本語學』
　　　Vol.24 No.7 明治書院.

落合惠子(2001)「'わたし'には、うたえない、うたいたくない「女」がいた」
　　　『女とことば』明石書店.

小谷眞理(2001)「女性が書くとき」『言語』Vol.30 No.1 大修館書店.

嚴　廷美(1997)「男女差の比較 ― 主に丁寧さの觀点から ―」『ことば』

18号　現代日本語研究會.

賈　惠京(2001)『敬語の對照研究』白帝社.

柏崎秀子(1993)「話しかけ行動の談話分析、依賴、要求表現の實際を
　　　　中心に」『日本語教育』79号　日本語教育學會.

片桐恭弘(1995)「終助詞による對話調整」『言語』Vol.24 No.3　大修館
　　　　書店.

金井景子(2001)「その男の子がスカートをはく日のために」『言語』Vol.30
　　　　No.1　大修館書店.

金子武雄(1976)『日本のことわざ』朝文社新書.

金丸芙美(1993)「人稱代名詞・呼稱」『日本語學』Vol 12 No.5　臨時
　　　　增刊號　明治書院.

川成美香(1993)「依賴表現」『日本語學』Vol 12 No.5: 臨時增刊號　明
　　　　治書院.

木孝夫編, 三宅　鴻(1976/1990)「代名詞的な表現」『日本語講座第四卷
　　　　日本語の語彙と表現』大修館書店.

金水敏(1993)「終助詞　ヨ・ネ」『言語』Vol.22 No.4　大修館書店.

_____(2003)『ヴァーチャル日本語役割語の謎』岩波書店.

金　俊淑(1989)「韓日兩國における對稱語の對照考察」韓國外國語大學
　　　　碩士學位論文.

菊澤季生(1933)『國語位相論』明治書院.

ギロ(1982)『言語と性』白水社.

國田百合子(1978)『女房詞の研究』續編　風間書房.

國立國語研究所監修(1954)『言語生活』28號　特集「女性と言葉」筑
　　　　摩書房.

_____(1954)『言語生活』65號「女性と言語生活」筑摩書房.

_____(1973)『言語生活』262號「女性のことば」筑摩書房.

小林美惠子(1990)「吉本ばななの「家族」と「ことば」」『ことば』11号　現
　　　　代日本語研究會.

_____(1990)「自称・對稱代名詞とその省略 ― 映畫『女人四十』に
　　　　みる ― 」現代日本語研究會.

_____(1990)「名詞における待遇表現」『ことば』11号　現代日本語

研究會.

_____(1991)「自稱・對稱・他稱および敬語表現について」『ことば』
　　12號　現代日本語研究會.

_____(1993)「世代と女性語」『日本語學』 Vol 12 No.5 臨時增刊
　　號 明治書院.

_____(1999)「自稱・對稱は中性化するか」『女性のことば・職場編』
　　ひつじ書房.

近藤純夫(1984) 「女の子と「女ことば」-「女ことば」は、滅びゆくのか」
　　『言語生活』No.387 筑摩書房.

米川明彦(1994)「若い女性のことばの心理的・社會的背景」『日本語學』
　　Vol.13 No.10 明治書院.

小矢野哲夫(1994)「女子大學生のキャンパスことば」『日本語學』Vol.13
　　No.10 明治書院.

_____(1999)「言語社會におけるジェンダーの流動化」『日本語ジェ
　　ンダー研究』日本語ジェンダー學會.

_____(2004) 「暮らしの中にひそむ日本語とジェンダー」『日本語學』
　　Vol.23 No.6 明治書院.

佐々木瑞枝(1999)『女の日本語 男の日本語』筑摩書房.

_____(2000)『女と男の日本語辭典 上』東京堂出版.

_____(2003)『女と男の日本語辭典 下』東京堂出版.

_____(2004) 「『女と男の日本語辭典』の輪郭」『日本語學』 Vol.23
　　No.6 明治書院.

佐竹久仁子(1997)「女と男はどう描かれるか-そのステレオタイプ表現」
　　『日本語學』Vol.16 No.6 明治書院.

佐竹秀雄(2001)「女性冠詞の根本問題は解決していない」『女とことば』
　　明石書店.

_____(1984)「辭書に見る女性觀」-小學生用國語辭典の用例から『言
　　語生活』No.387 筑摩書店.

_____(1984)『女言葉・男言葉規範をめぐって』現代日本語研究會編.

サリ・マコーネル(1989) 『文學と社會における女性と言語 ── 言語表現
　　と性差別 ── 』弓書房.

白川博之(1992)「終助詞「よ」の機能」『日本語教育』77号　日本語教育學會.

壽岳障子(1975)『日本語と女』岩波新書.

＿＿＿＿＿ (1984)「女は自由にしゃべっているか」『言語生活』No.387　筑摩書房.

＿＿＿＿＿(1990)「名詞における待遇表現」『ことば』11號　現代日本語研究會.

＿＿＿＿＿(1995)「女性語の五十年」『日本語學』Vol. 14 No.8　明治書院.

杉本つとむ(1975)『女の言葉誌』雄山閣.

鈴木睦(1993)「女性語の本質」『日本語學』Vol 12 No.5　臨時増刊號　明治書院.

鈴木和枝(1993)「マスコミのなかの性差別」『日本語學』Vol.12 No.5　臨時增　增刊號　明治書院.

鈴木孝夫(1973/1998)『ことばと文化』岩波新書.

ジェニフアー・コーツ(1990)『女と男とことば』研究社出版.

日本語教育指導参考書2(1980)『待遇表現』文化廳.

高崎みどり(1988)「模索期の女性語」『ことば』9号　現代日本語研究會.

＿＿＿＿＿＿ (1988)「女ことばを創りかえる女性の多様な言語行動」『言語』Vol.17.　大修館書店.

＿＿＿＿＿＿(1993)「女性のことばと階層」『日本語學』Vol.12 No.5　臨時增刊號　明治書院.

＿＿＿＿＿＿(1996)「テレビと女性語」『日本語學』Vol.15 No.9　明治書院.

＿＿＿＿＿＿(2002)「「女ことば」を創りかえる女性の多様な言語行動」『言語』Vol.31　大修館書店.

高橋嚴(2002)『日本語の女ことば』高文堂出版社.

高群逸枝(1981)『女性の歴史 上・下』講談社文庫.

丹羽一弥(1994)「女子中學生の日常使用語」『日本語學』Vol.13 No.10　明治書院

高山　勉(1994)「女子高校生のキャンパスことば」『日本語學』Vol.13 No.10　明治書院.

田中和子(1984)「新聞にみる構造化去れた性差別表現」『マスコミと差

別語問題』明石書店.

竹村和子(2001)「フェミニズムの今」『言語』Vol.30 No.1 大修館書店.

陳　常好(1987)「終助詞 – 話し手と聞き手の認識のギャップを埋めるための文接辭」『日本語學』Vol.6 No.10 明治書院.

鄭　惠先(2002)「日本語と韓國語の人称代名詞の使用頻度」『日本語教育』114号 日本語教育學會.

寺田智美(1993)「日本における女性語研究史」『日本語學』Vol 12 No.5 臨時增刊號 明治書院.

中島悅子(1994)「女性専用の文末形式のいま」『女性のことば・職場編』現代日本語研究會 ひつじ書房.

(1994)「女性のことばと文末の言語形式」『ことば』15號 現代日本語研究會.

(1996)「文末の言語形式 — 疑問表現における丁寧の要因 — 」『ことば』17 号 現代日本語研究會.

中村桃子(1993)「フェミニズムと言語研究」『日本語學』Vol 12 No.5 臨時增刊號 明治書院.

＿＿＿＿(1995)『言葉とフェミニズム』けいそう書房.

＿＿＿＿(1996)「言語のジェンダー研究の理論」『言語』Vol.25 大修館書店.

＿＿＿＿(2001)『ことばとジェンダー』けいそう書房.

＿＿＿＿(2004)「女ことばの成立と國民化」『日本語學』Vol. 24 No.6 明治書院.

仁田義雄(1991)『日本語のモダリティと人称』ひつじ書房.

仁田義雄 外 1 人(1991)『日本語のモダリティ』くろしお出版.

日本ジェンダー學會編(2001)『ジェンダー學を學ぶ人のために』世界思想社.

野田尙史(1986)「日本語教科書における文型の扱い」『日本語教育』59号 日本語教育學會.

野間秀樹(2005)「韓國と日本の韓國語研究」『日本語學』Vol.24 No.7 明治書院.

橋本良郎(1992)「間接的發話行爲方略に關する異言語間比較」『日本

語學』Vol.12 No.11 明治書院.

林眞理子(2003)『女のことわざ辭典』講談社文庫.

林 礼子(2001)「雜誌との對話」『言語』Vol.30 No.1 大修館書店.

韓先熙(1991)「應答詞と終助詞からわかること」『ことば』11号 現代日本語研究會.

房極哲(2001)「明治期における待遇表現の社會言語學的研究」 筑波大學博士學位論文.

深尾まどか(2005)「「よね」再考− 一人称と共起制限から」『日本語教育』125號 日本語教育學會.

堀井令以知(1990)『女の言葉』明治書院.

_____(1992)『働く女性女性の言葉』朝鮮學報 136 明治書院.

_____(1993)「女性語の成立」『日本語學』Vol.12 No.5 臨時增刊號 明治書院.

堀內克明・大森良子(1994)「若い女性のことばの語形・語義の特色」『日本語學』Vol.13 No.10 明治書院.

マクロイン・花岡直美(1993)「終助詞」『日本語學』Vol.12 No.5 臨時增刊號 明治書院.

眞下三郎(1967/1994)『女性語辭典』東京堂.

水本光美(2004)「テレビドラマにおける女性言葉とジェンダーフィルター」『日本語ジェンダ−學會誌』日本語ジェンダー學會.

三井昭子(1992)「話しことばの世代差−終助詞と副詞を中心に」『ことば』13号 現代日本語研究會.

宮地裕(1995)「依賴表現の位置」『日本語學』Vol.14 No.10 明治書院.

森下喜一・池景來(1989)『日本語と韓國語の敬語』白帝社.

レイノルズ・秋葉かつえ(1993)『女と日本語』有信堂.

_____(2001)「日本語の中の性差のゆくえ」『言語』Vol.30 N0.1 大修館書店.

兩澤葉子(1970)『おんなの歴史』上・下 未來社.

山崎晶子(1999)「ジェンダーとディスコース」『言語』Vol.28 N0.1 大修館書店.

山田小枝(2004)「文法的性と社會・文化的ジェンダー」『日本語學』Vol.24

No.6 明治書院.

山本富美子(1989)「待遇表現としての文体」『日本語教育』69号 日本
　　語教育學會.

湯澤純幸・齋藤正美(2001)「イデオロギ－研究としての「日本語とジェ
　　ンダ－研究」『言語』Vol.30 N0.1 大修館書店.

吉川弘之 外 15人(2001)『男女共同參畵社會』日本學術協力財団.

吉原幸子 外 3人(1984)「沈默からゆたかさへ — 現代女性の言語事情
　　— 」『言語生活』No.387 筑摩書房.

吉岡泰夫(1994)「若い女性の言語行動」『日本語學』Vol.13 No.10 明
　　治書院.

渡辺友左(1995)『ことわざに表われた性差別』南雲堂.

　　　　(1982/1985)『日本語と性』南雲堂.

OTTO Jespersen(1924)『LANGUAGE』London

O'grady(1989)『Contemporary Linguisitics』NY, St Martin's Press p.

이혜영—————————————————————————

서울 출생
상명대학교 일어교육과 졸업
동 대학원 일어일문학과 석사, 박사
현재 상명대학교, 인하대학교, 가톨릭대학교 출강

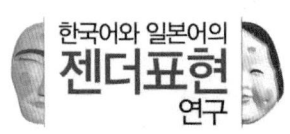

한국어와 일본어의
젠더표현
연구

초판인쇄 | 2009년 2월 20일
초판발행 | 2009년 3월 1일

지은이 | 이혜영
펴낸이 | 채종준
펴낸곳 | 한국학술정보㈜
주 소 | 경기도 파주시 교하읍 문발리 513-5 파주출판문화정보산업단지
전 화 | 031) 908-3181(대표)
팩 스 | 031) 908-3189
홈페이지 | http://www.kstudy.com
E-mail | 출판사업부 publish@kstudy.com

등 록 | 제일산-115호(2000. 6. 19)
가 격 | 26,000원

ISBN 978-89-534-1071-8 93730 (Paper Book)
      978-89-534-1072-5 98730 (e-Book)